"十四五"职业教育国家规划教材

网店开设与管理实训

冯子川 ◎ 主 编

李浩明 李 剑 黄菲菲 ◎ 副主编

何文生 江学斌 ◎ 主 审

电子工业出版社

Publishing House of Electronics Industry

北京·BEIJING

内 容 简 介

本书共有 7 个项目，分别是筹划开设网店、拍摄商品图片、商品图片处理、装饰店铺、推广店铺与商品、管理评价与客户服务及理货入库和打包配送。本书以网店开设与管理的工作过程为导向，以技术实践知识为焦点引导学生完成项目中的各项任务。在内容安排上，本书采用"项目—任务—活动"的结构模式，每个项目设有项目简介、项目目标、项目任务、项目总结和项目检测等栏目。

本书具有指导性、趣味性和实用性，既可作为中等职业院校电子商务、计算机及工艺美术专业初学者的教材，也可作为农村和社区普及电子商务知识应用的培训教材。

未经许可，不得以任何方式复制或抄袭本书之部分或全部内容。
版权所有，侵权必究。

图书在版编目（CIP）数据

网店开设与管理实训 / 冯子川主编．—北京：电子工业出版社，2021.2
ISBN 978-7-121-40384-2

Ⅰ．①网… Ⅱ．①冯… Ⅲ．①网店—管理—中等专业学校—教材 Ⅳ．①F713.365.2

中国版本图书馆 CIP 数据核字（2021）第 007563 号

责任编辑：罗美娜
印　　刷：北京虎彩文化传播有限公司
装　　订：北京虎彩文化传播有限公司
出版发行：电子工业出版社
　　　　　北京市海淀区万寿路 173 信箱　邮编　100036
开　　本：787×1 092　1/16　印张：12.5　字数：320 千字
版　　次：2021 年 2 月第 1 版
印　　次：2024 年 9 月第 4 次印刷
定　　价：45.00 元

凡所购买电子工业出版社图书有缺损问题，请向购买书店调换。若书店售缺，请与本社发行部联系，联系及邮购电话：（010）88254888，88258888。
质量投诉请发邮件至 zlts@phei.com.cn，盗版侵权举报请发邮件至 dbqq@phei.com.cn。
本书咨询联系方式：（010）88254617，luomn@phei.com.cn。

电子商务人才培养系列教材·服务岗位群

编审委员会名单

主　编　　冯子川　中山市沙溪理工学校

副主编　　李浩明　中山市沙溪理工学校

　　　　　李　剑　佛山市顺德区勒流职业技术学校

　　　　　黄菲菲　广东省贸易职业技术学校

编　委　　李　芳　中山市沙溪理工学校

　　　　　苏伟丽　佛山市顺德区陈村职业技术学校

　　　　　曹景屏　广东广雅中学

　　　　　林东泳　广州大洋教育科技股份有限公司

　　　　　周黄宁　广州大洋教育科技股份有限公司

　　　　　黄兴富　佛山市顺德区郑敬诒职业技术学校

　　　　　王海清　佛山市顺德区勒流职业技术学校

　　　　　吴锡燕　中山市中等专业学校

　　　　　汤秋婷　广州华南商贸职业学院

　　　　　毕明霞　青岛西海岸新区中德应用技术学校

前 言
PREFACE

"网店开设与管理实训"是电子商务专业核心课程之一。本书通过介绍筹划开设网店、拍摄商品图片、商品图片处理、装饰店铺、推广店铺与商品等实战方法与技巧设计内容，帮助学生在短时间内掌握网店开设与管理的方法、技巧和实战操作能力。本书共有7个项目，在内容安排上采用"项目—任务—活动"的结构模式，每个项目设有项目简介、项目目标、项目任务、项目总结和项目检测等栏目。

本书具有以下3个特点。

（1）本书采用"项目—任务—活动"的结构模式，通过项目提出、任务细分、活动实施融入相关的理论知识。

（2）本书由从事电子商务运营的实践专家和一线教学的电子商务老师亲自执笔撰写。为了确保学习内容与企业真实应用同步，本书精选了部分企业的真实项目，旨在培养学生认知问题、分析问题和解决问题的能力。

（3）在任务活动难度的编排上，本书遵循先易后难的原则，从简单的活动入手，先引出理论知识，再进行综合实训。

本书由冯子川主编，李浩明、李剑、黄菲菲担任副主编，协助完成审稿和教学资料整合工作，何文生、江学斌担任主审。项目一由李剑、苏伟丽编写；项目二由曹景屏、黄菲菲编写；项目三由李芳编写；项目四由林东泳、周黄宁、李浩明编写；项目五由黄兴富、王海清编写；项目六由吴锡燕编写；项目七由汤秋婷、毕明霞编写。

在编写过程中，也得到校企合作企业——广州大洋教育科技股份有限公司的大力支持，在此一并表示感谢。

由于作者水平有限，加上编写、出版仓促，书中难免有疏漏和不妥之处，恳请广大读者批评指正。

编　者

目　录 CONTENTS

项目一　筹划开设网店 / 001

　　任务1　数据分析以做店铺定位 / 002
　　　　活动1　分析买家消费行为 / 002
　　　　活动2　目标市场定位 / 006
　　任务2　确定销售产品并寻找货源 / 009
　　　　活动3　确定销售产品 / 009
　　　　活动4　寻找优质货源 / 014
　　任务3　选择运营平台 / 018
　　　　活动5　了解电商平台 / 018
　　　　活动6　选择运营模式 / 022
　　任务4　注册淘宝网店 / 024
　　　　活动7　开通支付宝 / 024
　　　　活动8　注册网店 / 028
　　项目总结 / 035
　　项目检测 / 035

项目二　拍摄商品图片 / 037

　　任务1　选用拍摄器材 / 038
　　　　活动9　选用相机 / 038
　　　　活动10　选用灯光 / 040
　　　　活动11　选用辅助器材及饰品 / 043
　　任务2　拍摄不同种类的商品图片 / 045
　　　　活动12　拍摄灯饰 / 045
　　　　活动13　拍摄玩具 / 048
　　　　活动14　拍摄小家电 / 055
　　　　活动15　拍摄服饰 / 058
　　项目总结 / 062
　　项目检测 / 062

项目三　商品图片处理 / 063

任务1　美化商品图片 / 064
- 活动16　裁剪、调整图片 / 064
- 活动17　修补图片污点 / 068
- 活动18　调整图片的曝光度、亮度和色差 / 072
- 活动19　更换图片背景 / 076
- 活动20　批量添加图片水印 / 078

任务2　管理图片空间 / 083
- 活动21　给商品图片命名 / 084
- 活动22　了解图片空间的管理功能 / 085

项目总结 / 090

项目检测 / 090

项目四　装饰店铺 / 091

任务1　确定店铺风格与设计店标 / 092
- 活动23　确定店铺风格 / 092
- 活动24　设计店标 / 093

任务2　装修美化店铺 / 095
- 活动25　设计店铺布局 / 095
- 活动26　制作并上传店招 / 098
- 活动27　制作通栏广告海报 / 100

任务3　设计商品描述模板 / 103
- 活动28　设计商品描述页的整体布局 / 103
- 活动29　设计商品信息描述模块 / 104
- 活动30　设计商品卖点图 / 105
- 活动31　设计商品细节图 / 107

任务4　发布宝贝 / 109
- 活动32　上传商品描述页并发布宝贝 / 109

项目总结 / 114

项目检测 / 114

项目五　推广店铺和商品 / 116

任务1　店铺和商品的优化 / 117
- 活动33　优化店铺的基本设置 / 117
- 活动34　优化商品标题 / 119
- 活动35　设计商品文案 / 123

任务2　利用站内活动推广 / 126
- 活动36　参与聚划算及直通车活动 / 126

　　　　活动 37　参与优惠券及限时打折活动 / 130
　任务 3　利用站外活动推广 / 135
　　　　活动 38　论坛推广 / 135
　　　　活动 39　视频推广 / 139
　　　　活动 40　朋友圈推广 / 142
　项目总结 / 144
　项目检测 / 144

项目六　管理评价与客户服务 / 147

　任务 1　管理评价和分析交易数据 / 148
　　　　活动 41　管理评价 / 148
　　　　活动 42　分析交易数据 / 150
　任务 2　管理订单及客服 / 154
　　　　活动 43　售前服务 / 154
　　　　活动 44　售中服务 / 156
　　　　活动 45　售后服务 / 157
　项目总结 / 158
　项目检测 / 158

项目七　理货入库和打包配送 / 160

　任务 1　理货入库 / 161
　　　　活动 46　验收理货 / 161
　　　　活动 47　编号入库 / 168
　任务 2　商品配送 / 174
　　　　活动 48　商品包装 / 174
　　　　活动 49　发货处理 / 178
　项目总结 / 189
　项目检测 / 190

项目一
筹划开设网店

项目简介

　　本项目主要介绍如何利用网络数据分析工具进行简要的市场分析，如何选择销售产品及运营平台，以及如何注册淘宝网店。

项目目标

- 了解百度指数、阿里指数、生 e 经等工具的作用。
- 掌握市场分析的一般方法与过程。
- 掌握寻找货源的一般方法与技巧。
- 选择合适的平台及运营模式。
- 熟练注册淘宝网店。

项目任务

任务1　数据分析以做店铺定位
任务2　确定销售产品并寻找货源
任务3　选择运营平台
任务4　注册淘宝网店

任务1　数据分析以做店铺定位

任务介绍

李勇和同小组的王丽、张军、钟珊4位同学准备开始自己的开店创业之旅。首先，他们要考虑选择什么样的产品进行销售。刚好李勇的亲戚家生产纸尿裤，销售纸尿裤是否合适呢？通过学习活动1　让同学们了解网络数据分析工具的种类，并利用网络数据分析工具分析买家消费行为；通过学习活动2　让同学们明确目标市场定位。

活动1　分析买家消费行为

活动描述

运营主管程总首先介绍了网店开设前的准备工作，接着，请同学们在网上收集整理买家消费行为的相关数据，并做出判断。

活动实施

1.【搜一搜】在网上搜索数据收集工具

步骤1. 分组，4个人为一个小组，以小组为单位进行讨论。

步骤2. 讨论并整理数据收集工具，以及确定市场分析所需要的数据。1~4组以"百度指数"为关键词进行搜索，5~8组以"阿里指数"为关键词进行搜索。以下为百度指数和阿里指数数据收集工具。

（1）百度指数
（2）阿里指数

步骤3. 小组对以上工具的作用及使用方法进行归类。

步骤4. 小组派代表发言。

2.【做一做】使用工具收集数据

步骤1. 打开"百度指数"页面，输入"纸尿裤"并按"Enter"键。利用百度指数趋势研究功能，分析"纸尿裤"在近段时间内的搜索概况及搜索趋势。百度指数分析搜索趋势如图1-1-1所示。

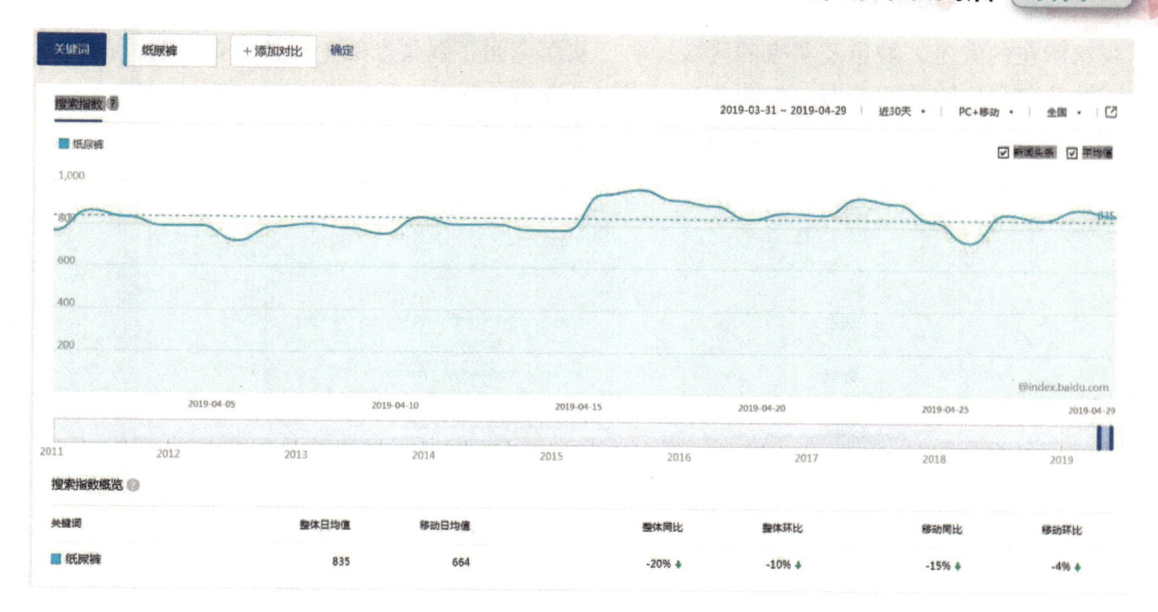

图 1-1-1　百度指数分析搜索趋势

分析：纸尿裤的搜索指数在近 30 天和近 7 天同比都有所下降，其中，移动端的搜索量占比较大，但总体发展空间有限。

步骤 2. 打开"阿里指数"页面，输入"纸尿裤"并按"Enter"键。利用"阿里指数"的行业大盘功能分析"纸尿裤"的市场饱和度，预测淘宝需求趋势。阿里指数分析市场饱和度如图 1-1-2 所示。

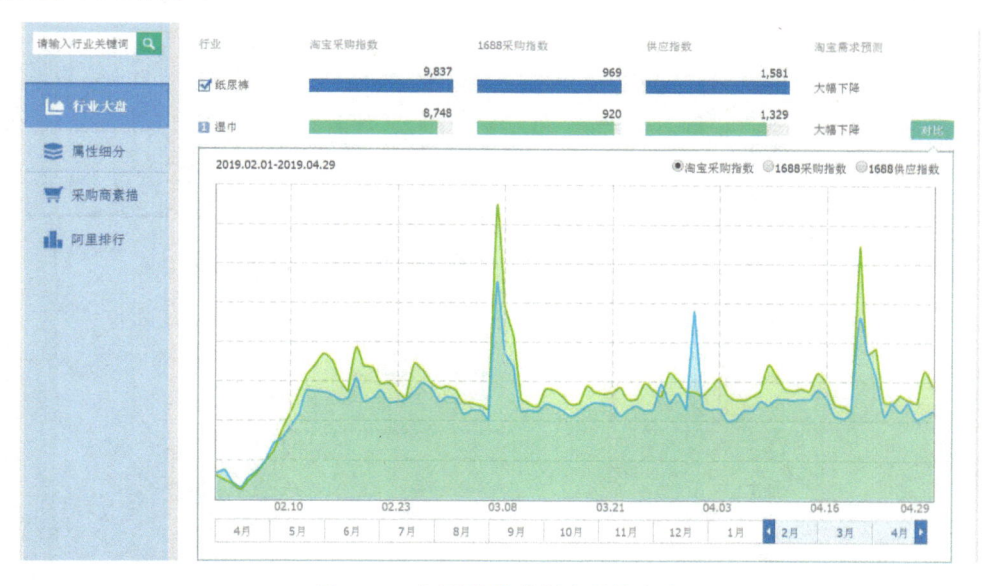

图 1-1-2　阿里指数分析市场饱和度

分析："1688 采购指数"＜"供应指数"，说明纸尿裤在淘宝市场的供求基本饱和，淘宝需求预测大幅下降，发展潜力有限。

步骤 3. 打开"阿里指数"页面，单击"人群画像"按钮。利用"人群画像"功能分析

网店开设与管理实训

买家所在的省份、城市及买家的区域排名,从而全面了解买家的分布情况,分析商品的区域性及自我店铺的竞争力,如图1-1-3～图1-1-5所示。

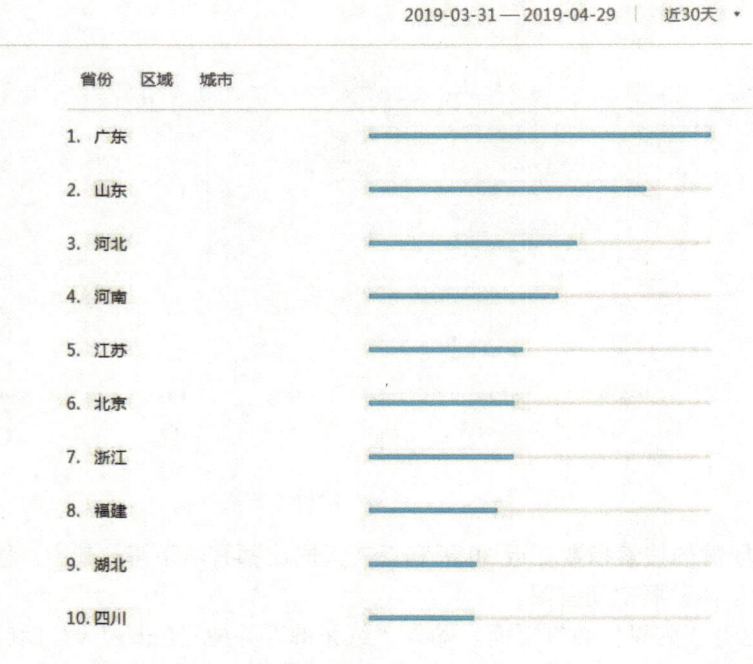

图1-1-3 买家所在的省份

图1-1-4 买家所在的城市

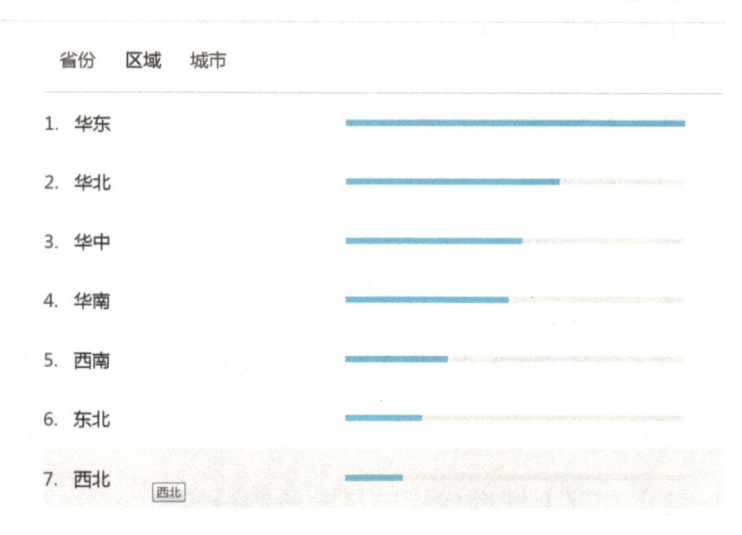

图 1-1-5　买家的区域排名

　　分析：纸尿裤的买家大多分布在东部沿海地区。同时，纸尿裤的消费人群大多集中于一线城市和二线城市。

　　步骤 4. 分析买家的年龄及性别，如图 1-1-6 所示。

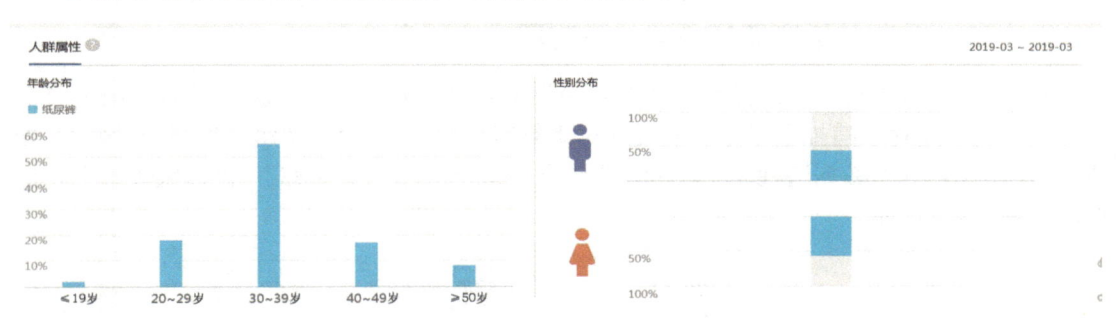

图 1-1-6　买家的年龄及性别

　　分析："纸尿裤"搜索人群为 43% 的男性和 57% 的女性，买家年龄最集中的是 30～39 岁，通过分析判断出生育高峰期的女性占购买的主导地位。

知识加油站

各种分析参数的含义

　　1. 淘宝采购指数。根据淘宝市场里所在行业的成交量计算得到的综合数值，数值越高表示在淘宝市场的采购量越大。

　　2. 供应指数。根据在 1688 市场里所在行业的产品数计算得到的综合数值，数值越高表示 1688 市场的供应产品越多。

3.【说一说】买家消费行为分析有哪些参数

步骤 1. 以小组为单位，汇总本小组的分析数据。
步骤 2. 讨论得出本小组的分析结果。
步骤 3. 小组派代表分享小组观点。

活动 2　目标市场定位

活动描述

初步市场分析后，接下来要对所选类目进行市场竞争度分析，以确定目标市场定位。

活动实施

1.【搜一搜】在网上搜索目标市场定位的分析方法

步骤 1. 分组，4 个人为一个小组，以小组为单位进行讨论。
步骤 2. 在网上搜索并收集目标市场及其定位方法。
步骤 3. 小组讨论如何利用收集的数据确定目标市场定位。
步骤 4. 小组派代表发言。

2.【做一做】分析市场竞争度，确定目标市场定位

步骤 1. 分析类目规模。打开从"生 e 经"下载的数据（打开"素材\项目一\任务 1"文件夹下的"尿片喂哺推车子行业成交量对比数据汇总"文件），创建"数据透视表"，如图 1-1-7 所示。在"数据透视表字段列表"选区中选择"子行业名称""高质宝贝数"复选框，如图 1-1-8 所示。

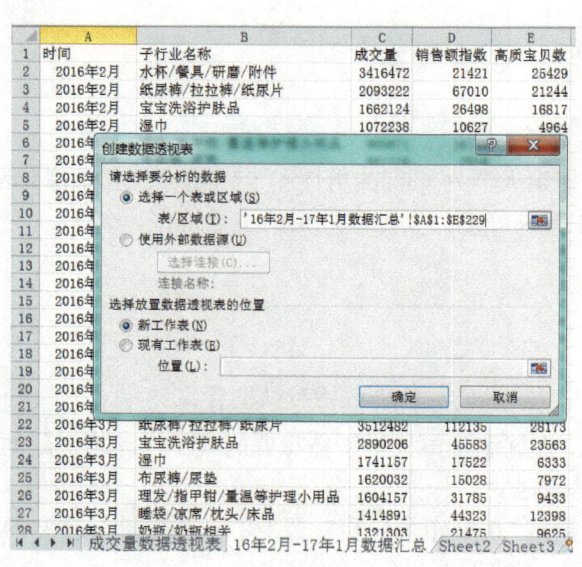

图 1-1-7　创建"数据透视表"

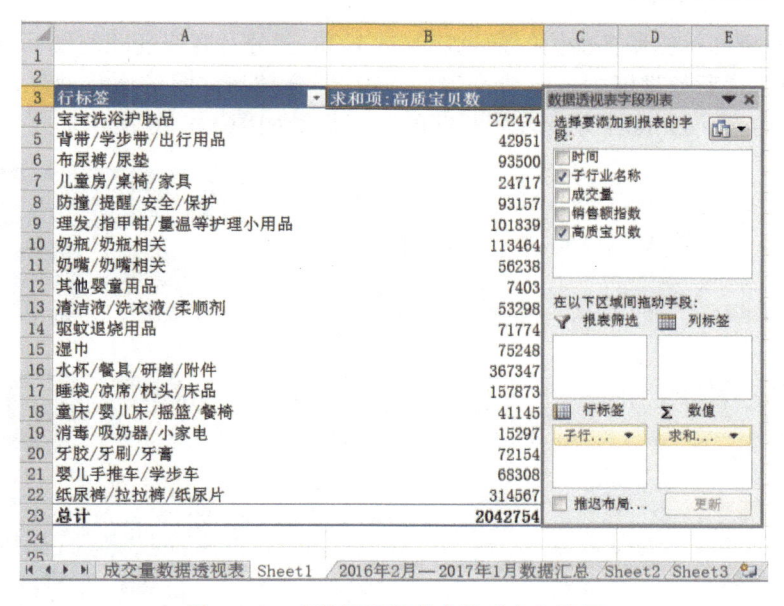

图 1-1-8　"数据透视表字段列表"选区

步骤 2. 分析行业规模。在数据透视表下方创建饼图，如图 1-1-9 所示，并设置数据标签格式。

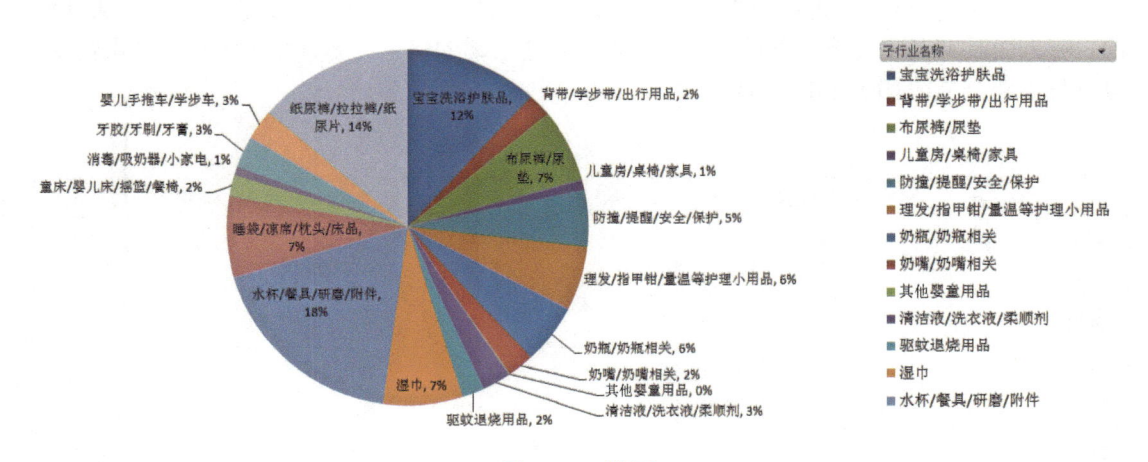

图 1-1-9　饼图

分析：高质宝贝数量较多的商品类目，相关店铺较多，行业规模较大，竞争度较大。

步骤 3. 分析同行的视觉能力。通过同行的图片质量和文案水平判断同行的视觉能力。一般来说，图片质量和文案水平越高，视觉能力越强，如表 1-1-1 所示。

表 1-1-1　同行的视觉能力分析表

视觉能力	清晰度	排版	图文比例	文案卖点
强	高	整洁	合理	有吸引力
弱	低	凌乱	不合理	随意

步骤 4. 分析同行的服务能力。通过店铺的 DSR 评分及客服旺旺的图标数量等判断同行的客服规模、售后处理能力。一般来说，DSR 评分越高，服务质量越好，客服规模越大，接单能力越强。DSR 评分及客服旺旺的图标数量如图 1-1-10 所示。

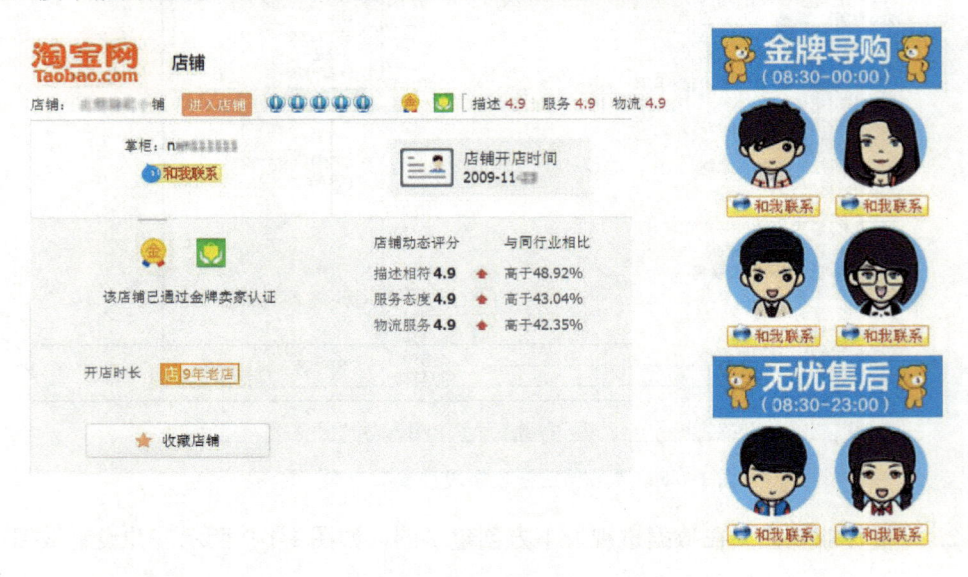

图 1-1-10　DSR 评分及客服旺旺的图标数量

步骤 5. 分析同行的营销能力。主要通过分析同行的推广方式判断其营销能力。

步骤 6. 分析自身的优势和劣势。主要从产品、服务、营销 3 方面分析，与同行店铺相比，哪方面具有竞争优势，可以作为切入点，打造店铺的特色；哪方面是劣势，尽量弥补。自身优劣势分析表如表 1-1-2 所示。

表 1-1-2　自身优劣势分析表

产品			服务			营销		
项目	优势	劣势	项目	优势	劣势	项目	优势	劣势
产品款式			接单速度			资源		
产品价格			物流速度			营销能力		
产品利润			服务态度			其他方面		

知识加油站

目标市场分析

1. 行业规模分析

行业规模是否够大，即判断行业潜力是否够大。

2. 竞争态势分析

同行多不多，即分析该行业是蓝海还是红海。

3.【说一说】本组的优劣势分析结果

步骤1. 以小组为单位，对产品、店铺优劣势进行评价。
步骤2. 讨论得出本小组的分析结果。
步骤3. 小组派代表分享小组观点。

任务 2　确定销售产品并寻找货源

任务介绍

任务1完成了对市场和行业的初步判断，接下来要确定销售什么产品，以及如何找到想要的产品。

活动 3　确定销售产品

活动描述

选择合适的产品进行销售，如何判断产品是否合适呢？可以通过找合适的子行业作为切入点，确定产品风格，从而确定合适的产品。

活动实施

1.【搜一搜】寻找行业切入点的方法

步骤1. 分组，4个人为一个小组，以小组为单位进行讨论。
步骤2. 小组讨论如何找到合适的切入点，涉及哪些关键数据？
步骤3. 小组派代表发言。

2.【做一做】使用工具进行数据收集

步骤1. 汇总数据。在"生 e 经"下载"母婴"类产品一年的数据，并插入数据透视表汇总数据，将汇总好的数据复制到新的工作表中，如图1-2-1所示。
步骤 2. 计算竞争度。竞争度 1=成交量/高质宝贝数，竞争度 2=销售额指数/高质宝贝数，如图1-2-2所示。

图 1-2-1　汇总数据

图 1-2-2　计算竞争度

步骤 3. 以竞争度 1 为主要关键词按降序排列，如图 1-2-3 所示。

分析：竞争度 1 的数值越高，产品越容易销售。竞争度 1 的数值相对较高，客单价（可在淘宝网搜索相关产品，观察淘宝网上该子行业整体的客单价）也较高的产品是优选产品，用黑框圈出。

图 1-2-3　以竞争度 1 为主要关键词按降序排列

步骤 4. 以竞争度 2 为主要关键字按降序排列，如图 1-2-4 所示。

分析：竞争度 2 的数值较高，同时又是黑框圈出的产品，说明这些产品既有较大的成交量，又有较高的客单价，比较适合用于市场切入。

行标签	求和项:成交量	求和项:销售额指数	求和项:高质宝贝数	竞争度1	竞争度2
婴儿手推车/学步车	8181258	1092218	68308	119.7701294	15.9896059
童床/婴儿床/摇篮/餐椅	5820342	629955	41145	141.4592782	15.31060882
消毒/吸奶器/小家电	2370767	149460	15297	154.9824802	9.770543244
背带/学步带/出行用品	6432778	338052	42951	149.7701567	7.870643291
睡袋/凉席/枕头/床品	21737044	661177	157873	137.6869002	4.188030886
纸尿裤/拉拉裤/纸尿片	41523904	1250503	314567	132.0033697	3.975315275
儿童房/桌椅/家具	2789965	84797	24717	112.8763604	3.430715702
理发/指甲钳/量温等护理小用品	17195445	311090	101839	168.8493112	3.054723632
湿巾	21249042	225465	75248	282.386801	2.99629226
防撞/提醒/安全/保护	15369245	220881	93157	164.9821806	2.371061756
奶瓶/奶嘴相关	16432569	263365	113464	144.8262797	2.321132694
布尿裤/尿垫	19723376	201146	93500	210.9451979	2.151294118

图 1-2-4　以竞争度 2 为主要关键字按降序排列

步骤 5. 分析产品的最优属性。通过竞争度的分析，初步确定选择纸尿裤作为切入点。打开"生 e 经"，选择"行业分析"选项，在"母婴"类产品中选择"尿片/洗护/喂哺/推车床"选项，查看"子行业"中的"拉拉裤/纸尿裤"类目，选择"属性成交量分布"选项，弹出产品的最优"属性"，如图 1-2-5 所示。

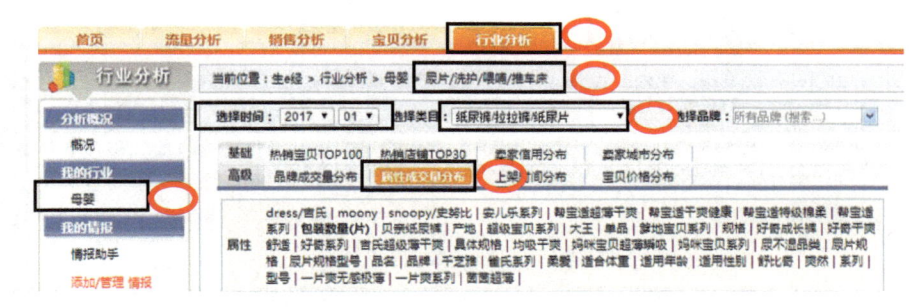

图 1-2-5　产品的最优"属性"

步骤 6. 在产品的最优"属性"中选择"包装数量（片）"选项，查看产品的最优包装数量，如图 1-2-6 所示。

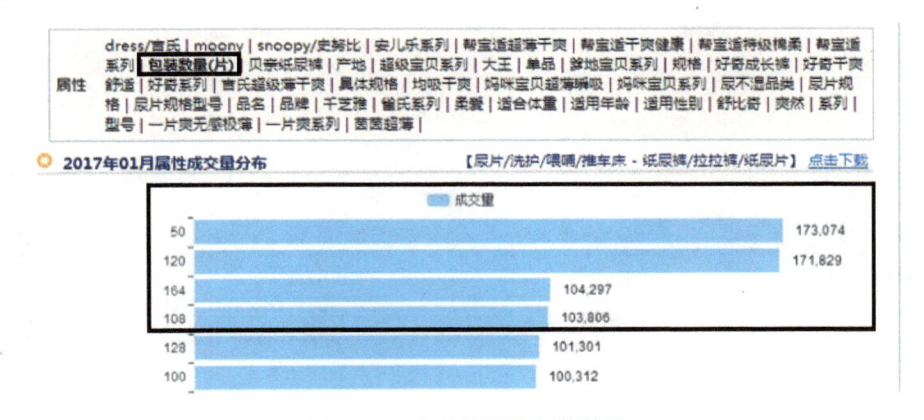

图 1-2-6　产品的最优包装数量

步骤 7. 创建 Excel 表，把最优包装数量填入表格中，如表 1-2-1 所示。在挑选产品时优先考虑包装数量为 50 片的纸尿裤。

表 1-2-1　最优包装数量表

2017 年纸尿裤的最优属性			
属　性	优　选	次　选	备　选
包装数量（片）	50 片/包	120 片/包	20 片/包

步骤 8. 在产品的最优属性中选择"尺码"选项，查询产品的最优尺码，其中成交量最多的为 M 码，其次为 L 码，再次为 XL 码，如图 1-2-7 所示。

步骤 9. 把最优尺码填入表格中，如表 1-2-2 所示。

步骤 10. 确定最优价格区间。在淘宝网搜索纸尿裤，通过分析得知，40%买家喜欢 26～74 元的价位，35%买家喜欢 74～181 元的价位，当挑选产品时优先考虑批发价在 26～74 元区间的纸尿裤，如图 1-2-8 所示。

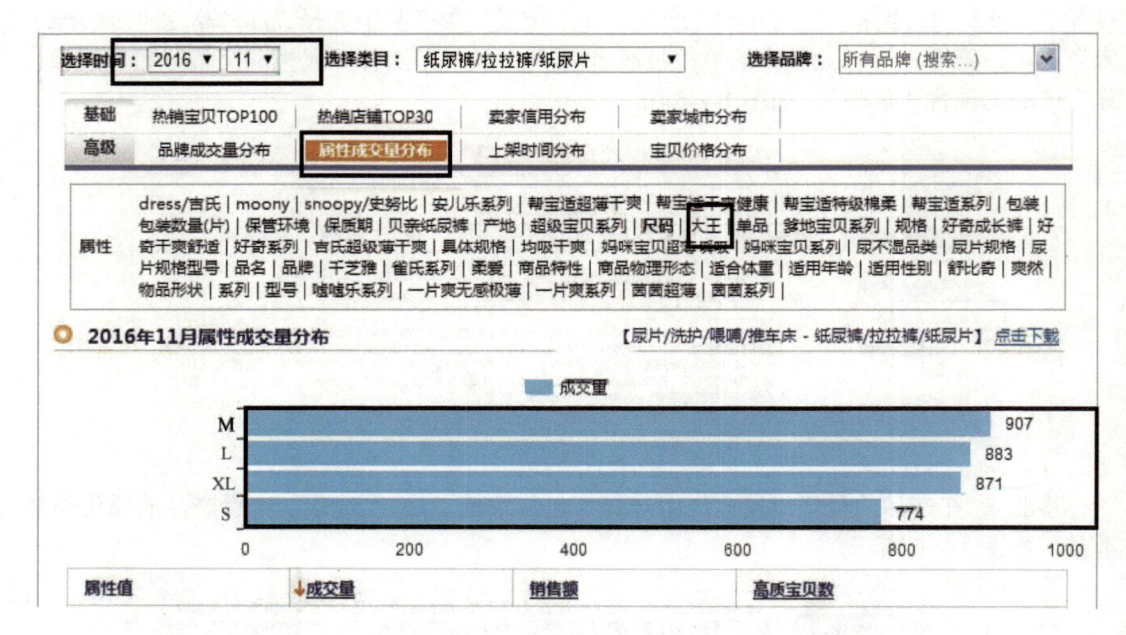

图 1-2-7　产品的最优尺码

表 1-2-2　最优尺码表

2017 年纸尿裤的最优属性			
属　性	优　选	次　选	备　选
包装数量（片）	50 片/包	120 片/包	20 片/包
尺码	M 码	L 码	XL 码

图 1-2-8　确定最优价格区间

步骤 11. 填入最优价格区间及产品的其他属性，最优属性列表如表 1-2-3 所示。

表 1-2-3　最优属性列表

2017 年纸尿裤的最优属性			
属　性	优　选	次　选	备　选
包装数量（片）	50 片/包	120 片/包	20 片/包
尺码	M 码	L 码	XL 码
尿不湿种类	纸尿裤	拉拉裤	纸尿片
产地	中国大陆	日本	韩国
适合体重	9～14 kg	9～13 kg	6～11 kg
系列	三倍透气	秒吸舒爽	轻柔
价格	26～74	74～181	？？？？

知识加油站

选品的原则

1. 产品的性价比高，对买家具有吸引力。价格低、质量差的不要，应选择价格合适、利润高的产品。

2. 选择大众化、复购率高的产品，如尿不湿、尿片等。

3. 为了保证产品的供应，选择有足够库存或出库周期短，并且能够在销售季节不间断供货的产品。

4. 保证产品质量，必须符合行业标准，避免在单品打造过程中出问题。

5. 符合店铺的定位，选择的单品最好能够和店铺内其他商品形成有效关联。

6. 应季性，如夏天推薄款、冬天推厚款，以符合买家的购物习惯。

3. 【说一说】本组产品定位分析结果

步骤 1. 以小组为单位，汇总本小组的分析数据。

步骤2. 讨论得出本小组的分析结果。
步骤3. 小组派代表分享小组观点。

活动4　寻找优质货源

活动描述

经过初步市场分析确定产品后，接下来就要寻找合适的货源。网上做生意，最重要的是产品，手中产品的质量、款式怎么样，会不会是畅销款？这是卖家最关心的问题。

卖家的进货方式很多，包括在市场进货、去厂家批发等方式。这些方式各有利弊，需要根据自己的优势选择适合的进货方式。

活动实施

1.【搜一搜】进货渠道

步骤1. 分组，4个人为一个小组，以小组为单位进行讨论。
步骤2. 以"进货渠道"为关键词在网上进行搜集。
步骤3. 小组讨论从哪些渠道进货。
步骤4. 小组派代表发言。

2.【做一做】通过阿里巴巴平台选择合适货源

步骤1. 第一轮筛选。进入阿里巴巴批发网首页，如图1-2-9所示，选择"供应商"选项，输入关键词"代理"，单击"搜索"按钮，弹出很多代理商，从中做筛选。

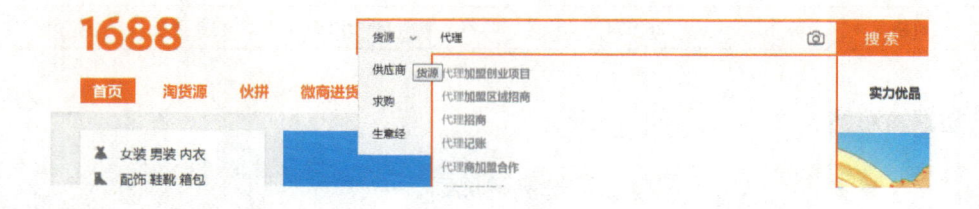

图1-2-9　阿里巴巴批发网

步骤2. 筛选实力商家。在"实力商家"选项中选择自己喜欢的风格。看产品的风格是否跟自己的期望一样，是否跟自己店铺的风格一致，如图1-2-10所示。

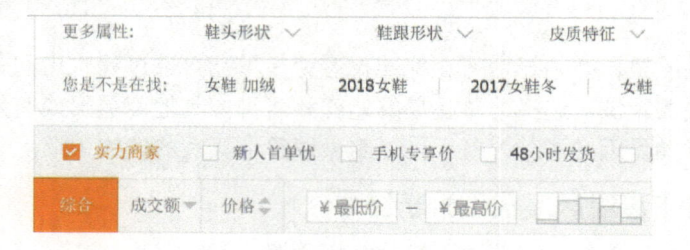

图1-2-10　筛选实力商家

步骤 3. 挑选诚信商家。主要看店铺加入"诚信通"的时间，如图 1-2-11 所示。

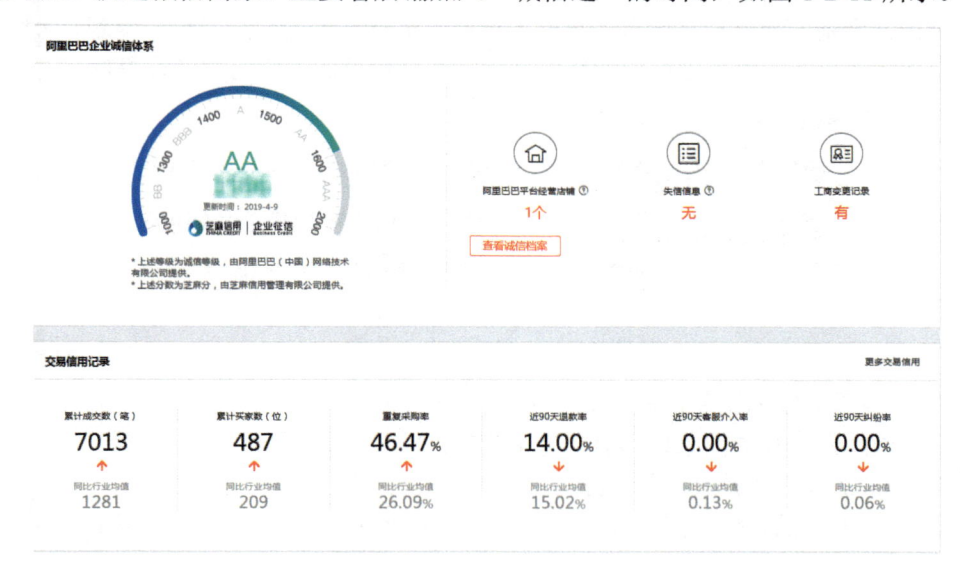

图 1-2-11　挑选诚信商家

分析：如图 1-2-11 所示的这个店铺加入"诚信通" 5 年，为老牌店铺。阿里巴巴平台诚信商家的标识跟淘宝平台的标识诚信卖家类似，有这个标识的供应商一般比较优质。

步骤 4. 进入产品详情页。主要看成交量和买家数，如图 1-2-12 所示。

分析：如果店铺成交量小、买家数少，则直接淘汰。

图 1-2-12　产品详情页

步骤 5. 查看店铺的产品价格，如图 1-2-13 所示。

分析：了解店铺产品的价格范围，不在预算范围内的可以直接淘汰。

图 1-2-13　查看店铺的产品价格

步骤 6. 查看初选的供应商店铺首页信息，主要查看其是否是代理，如图 1-2-14 所示。

分析：看店铺的导航栏是否有"代理加盟"的信息。代理会涉及很多问题，如运费、发货时间、物流公司、偏远地区的特殊处理等，选择优质的供应商才能确保自己的利益。

图 1-2-14　查看是否是代理

步骤 7. 查看商家的交易评分，如图 1-2-15 所示。
分析：选择评分高的商家作为潜在进货商家。
步骤 8. 淘汰没有代销介绍的商家，如图 1-2-16 所示。
步骤 9. 查看产品详情描述（如价格、图片、库存等），详情页数据如图 1-2-17 所示。

图 1-2-15　查看商家的交易评分

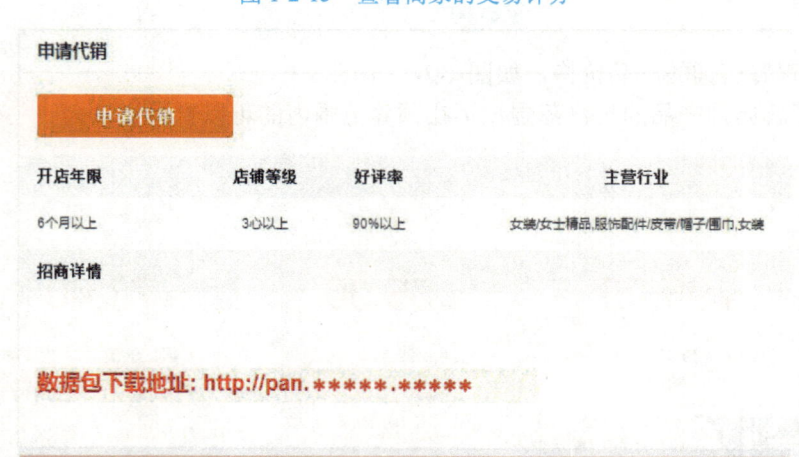

图 1-2-16　淘汰没有代销介绍的商家

分析：价格，对比同类商家的价格；图片，尽量选实拍的商家，公用的宝贝详情图片要看商家对图片的处理；库存，咨询客服人员，尽量选择库存更新及时的商家。

S	150.00元	102件可售	− 0	+
M	150.00元	94件可售	− 0	+
L	150.00元	45件可售	− 0	+

图 1-2-17　查看产品详情页数据

步骤 10. 筛选出 1～3 家潜在供应商做最后对比，如图 1-2-18 所示。

步骤 11. 使用"淘掌柜"进行分销管理，如图 1-2-19 所示。

图 1-2-18　筛选出 1～3 家潜在供应商做最后对比

图 1-2-19　"淘掌柜"

3.【说一说】本组的选品情况

步骤1. 以小组为单位，挑选10款产品作为备选产品。
步骤2. 小组对产品、店铺优劣势进行评价。
步骤3. 小组派代表分享小组观点。

> **知识加油站**
>
> **产品的采购渠道**
>
> 1. 从批发商直接进货
>
> 　　如果与批发商长期合作，一般能争取到出厂价格。这种方式有货源充足、信用度高等优点。但是，一般厂家的起批量较高，不支持多种款式的小批量进货方式，不适合小批发卖家。这种方式适合有一定经济实力的卖家。有足够的资金和渠道，而且不担心有压货风险的卖家可以选择从批发商直接进货。
>
> 2. 采购外贸尾单
>
> 　　外贸尾单有品牌知名度高、质量保证、受众度高等优点。外贸尾单是出口加工过程中出现的残次品，质量和正品差不多但是价格非常低。例如，有些服装只是多几个线头，商家为了处理库存而低价处理。这种进货渠道适合有资金且有渠道的卖家。
>
> 3. 阿里巴巴平台采购
>
> 　　阿里巴巴平台根据产品进行分类，帮助有采购需求的卖家降低进货成本。需要注意的是，网购有风险，卖家要挑选有官方资质的提供商。这种进货渠道适合小本经营的卖家，既能杜绝进货太多而销售不出去，又能快速补货。

任务3　选择运营平台

任务介绍

　　不同的电商平台有各自的特点及不同的运营模式，选择合适的电商平台是网上创业的第一步。本任务将了解常见的电商平台，通过活动5　了解常见的电商平台，通过活动6　了解常见电商平台的运营模式。同学们可以根据实际情况选择符合自己创业的电商平台。

活动5　了解电商平台

活动描述

琳琅满目的电商平台有哪些是适合自己的呢,他们之间有什么区别呢?在本活动中,李勇和同小组的王丽、张军、钟珊将通过小组活动来了解各大电商平台,并选择合适的电商平台开启创业之旅。

活动实施

1.【搜一搜】搜索常见的电商平台

步骤 1. 分组,4 个人为一个小组,以小组为单位进行讨论。
步骤 2. 小组讨论并收集以下信息。
(1)常见的电商平台有哪些?
(2)这些电商平台的开店条件是什么?
步骤 3. 小组对收集的资料进行整理。
步骤 4. 小组派代表发言。

2.【读一读】了解常见的电商平台

选择合适的电商平台是网上开店的第一步。网上开店需要一个适合自己的电商平台,大部分电商平台通过会员注册的方式运营。在李勇选择时,参考因素包括电商平台的实力及开店的费用等。以下为目前最具代表性的电商平台。

- 平台 1:阿里巴巴批发网(https://www.1688.com)

阿里巴巴网络技术有限公司(简称阿里巴巴)于 1999 年在浙江杭州成立。它意为"芝麻开门",喻意平台能为小企业开启财富之门。阿里巴巴的 logo 如图 1-3-1 所示。

图 1-3-1　阿里巴巴的 logo

阿里巴巴经营多项业务,为商家提供互联网基础设施及营销平台,让他们可以借助互联网的力量与客户互动。阿里巴巴及关联公司的业务包括淘宝网、天猫商城、聚划算、全球速卖通、阿里巴巴国际交易市场、阿里巴巴批发网、阿里妈妈、阿里云、蚂蚁金服、菜鸟网络等。

其中,阿里巴巴批发网(https://www.1688.com/)是全球最大的采购平台。阿里巴巴批发网是全球企业间(B2B)电子商务的著名品牌,它以批发和采购业务为核心,通过专业化运营完善客户体验,全面优化企业电子商务的业务模式。目前,阿里巴巴批发网已覆盖原材料、工业品、服装服饰、家居百货、小商品等 16 个行业大类,提供原料采购、生产加工、现货批发等供应服务。阿里巴巴批发网首页如图 1-3-2 所示。

- 平台 2:淘宝网(https://www.taobao.com)

淘宝网也是阿里巴巴旗下的电子商务平台。从 2003 年 7 月成功推出之时,就以 3 年"免费"的政策迅速打开中国的 C2C 市场,2005 年 10 月 19 日,阿里巴巴宣布"淘宝网将再继续免费 3 年"。2008 年 10 月 8 日,淘宝网在新闻发布会上宣布继续免费。淘宝网是中国深

网店开设与管理实训

受欢迎的网购零售平台之一，拥有近 5 亿注册用户数，每天有超过 6 000 万固定访客，同时每天的在线商品数已经超过了 8 亿件，平均每分钟售出 4.8 万件商品。淘宝网首页如图 1-3-3 所示。

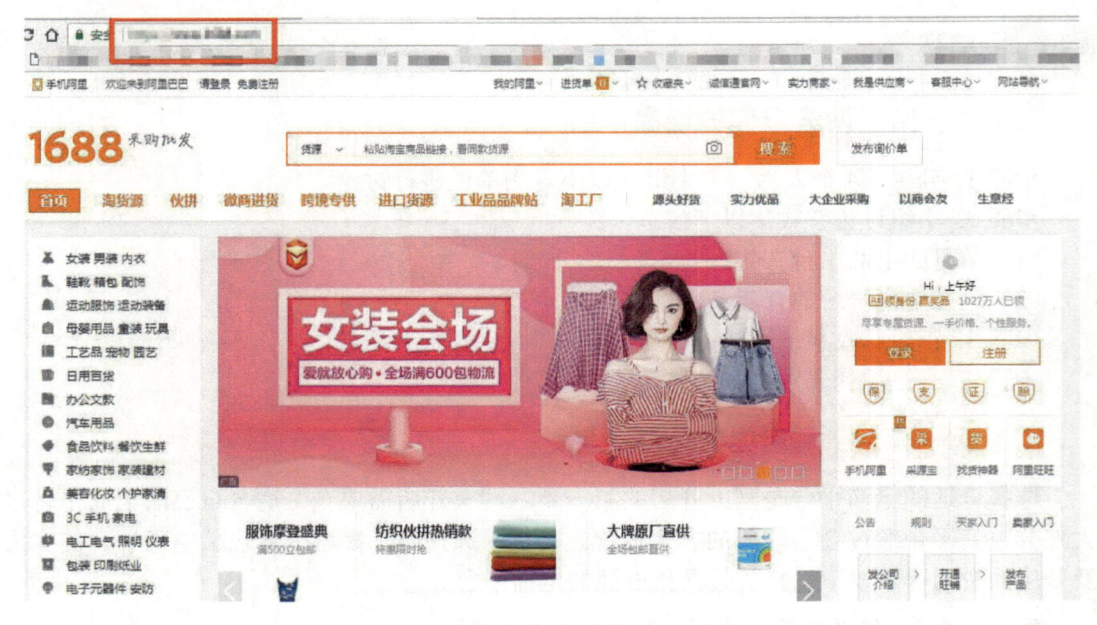

图 1-3-2　阿里巴巴批发网首页

图 1-3-3　淘宝网首页

截至 2011 年年底，淘宝网单日交易额峰值达到 43.8 亿元，创造 270.8 万就业机会。随着淘宝网规模的扩大和用户数量的增加，淘宝网从单一的 C2C 网络集市变成了包括 C2C、团购、分销、拍卖等多种电子商务模式的综合性零售商圈。淘宝网已经成为世界范围的电子商务交易平台之一。

每年 11 月 11 日的网络促销日，称为"双 11"。该节日源于淘宝商城（天猫）2009 年 11 月 11 日举办的网络促销活动，当年参与的商家数量和促销力度有限，但营业额远超预期，于是阿里巴巴将每年的 11 月 11 日定为举办大规模促销活动的固定日期。"双 11"已成为中国电子商务行业的年度盛事，并且逐渐影响国际电子商务行业。

2013 年"双 11"开场 1 分钟成交的订单数量达到 33.9 万笔，成交额达 1.17 亿元。第 2 分钟，成交额突破 3.7 亿元。到了零时 6 分 7 秒，成交额直接冲上 10 亿元。截至 11 日 24 时，"双 11"天猫及淘宝网的总成交额突破 300 亿元，达 350.19 亿元。

2014 年"双 11"，淘宝网+天猫成交额再次刷新纪录，达 571 亿元。

2015 年"双 11"，淘宝网+天猫成交额再次刷新纪录，达 912 亿元。

2016 年"双 11"，淘宝网+天猫成交额再次刷新纪录，达 1 207 亿元，15 个小时天猫销售额达到 2015 年 912 亿元的销售总额，移动端成交额占比为 82%。

2017 年"双 11"，淘宝网+天猫成交额再次刷新纪录，达到 1 682 亿元，移动端成交额占比为 90%。全球买家通过支付宝完成的支付达 14.8 亿笔，比 2016 年增长 41%。截至 11 日 24 时，全球有 225 个国家和地区加入 2017 年天猫"双 11"全球狂欢节。

● 平台 3：京东商城（https://www.jd.com）

京东商城是中国电子商务领域具有影响力的电子商务网站之一，在线销售家电、数码通信、计算机、家居百货、服装服饰、母婴、图书、食品、在线旅游等 12 大类数万个品牌的百万种商品。京东商城已经建立华北、华东、华南、西南、华中、东北六大物流中心，同时在全国超过 360 座城市建立核心城市配送站。京东商城首页如图 1-3-4 所示。

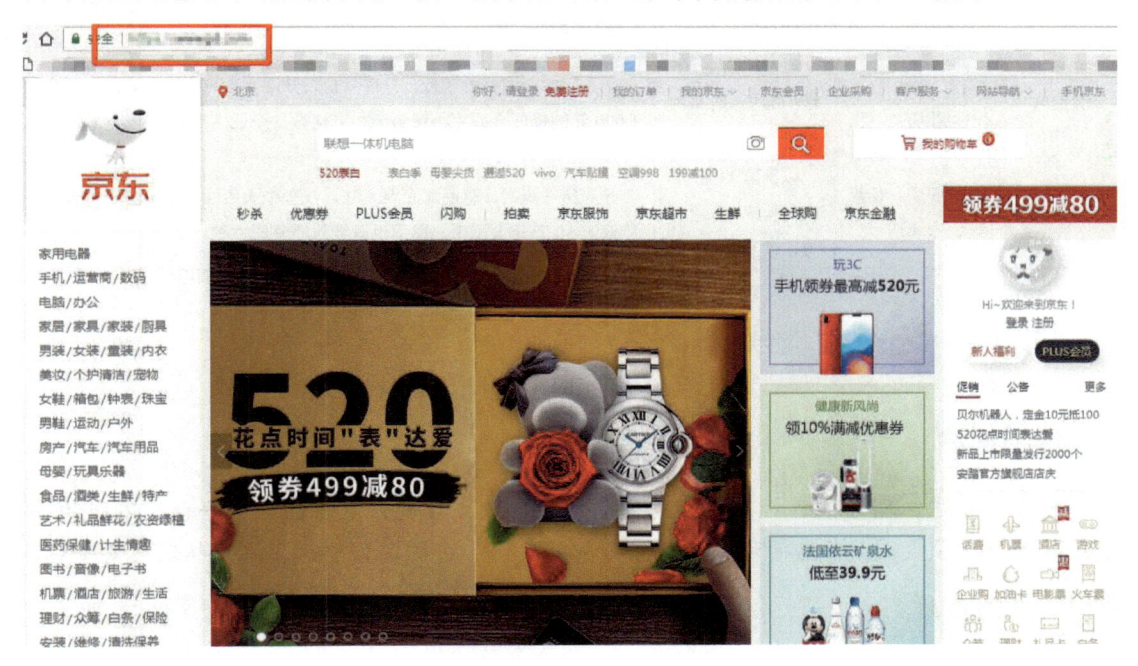

图 1-3-4　京东商城首页

京东商城于 2013 年正式切换了域名，它的新 Logo 是一只名为"Joy"的吉祥物，如图 1-3-5 所示。

图 1-3-5　京东商城的 Logo（标志）

3.【学一学】常见电商平台的区别

上述三个具有代表性的平台之间的主要区别如表 1-3-1 所示。

表 1-3-1　三个平台的主要区别

平台	店铺类型	平台特点	开店条件
阿里巴巴批发网	旗舰店、品牌代理店、源头厂家	以批发和采购业务为核心，全球采购批发平台	开店条件较高，具有企业资质或个体户资质者才能开店。虽然店铺无须保证金、年费和技术服务费，销售无扣点佣金，但须开通年费为 6 688 元的诚信通
淘宝网	个人店 企业店	以商家为主，平台门槛低，商品种类齐全	个人店的开通条件较低，只需身份证开通、支付宝实名认证及至少 1 000 元的保证金即可，销售无扣点佣金。企业店需具有企业资质
京东商城	旗舰店、专营店、专卖店	以商家为主，平台门槛高，自建物流，快递速度快	开店条件高，只有商家企业入驻，没有个人店铺，公司注册资金不能低于 50 万元人民币，需提供营业执照复印件等

活动 6　选择运营模式

活动描述

在活动 5 中，同学们已经了解目前国内电商行业中最具代表性的三个平台，不同的平台有不同的运营模式，在本活动中，李勇将学习电商平台的运营模式，从而确定电商平台。

活动实施

1.【搜一搜】搜索电商平台的运营模式

步骤 1. 分组，4 个人为一个小组，以小组为单位进行讨论。
步骤 2. 小组讨论并收集以下信息。

（1）电商平台中常见的运营模式。
（2）常见运营模式的区别。
步骤 3. 小组对收集的资料进行整理。
步骤 4. 小组派代表发言。

2.【读一读】了解电商平台的运营模式

电子商务运营模式是指电子化企业如何运用资讯科技与互联网来经营企业的方式，简略归纳为 B2B（Business to Business）、B2C（Business to Consumer）、C2C（Consumer to Consumer）、C2B（Consumer to Business）、O2O（Online To Offline）等运营模式。接下来重点介绍 B2B、B2C 及 C2C 这 3 种模式。

- B2B

B2B 是指商家对商家的电子商务，即企业与企业之间通过互联网进行产品、服务及信息的交换。通俗地说，B2B 是指进行电子商务的双方都是企业，双方使用互联网及各种网络平台完成商务交易的过程。

B2B 模式是电子商务中历史最长、发展最完善的商业模式。它的利润来源于相对低廉的信息成本带来的各种费用的下降，以及供应链和价值链整合的优势。目前国内典型的 B2B 模式的电商平台有阿里巴巴、中国制造网、慧聪网、环球资源、敦煌网、易唐网等。

- B2C

B2C 是企业通过网络销售产品或服务给个人消费者。企业直接将产品或服务推上网络，并提供充足资讯与便利的接口吸引消费者选购。这是目前最常见的作业方式。例如，网络购物、证券公司网络下单作业、一般网站的资料查询作业等，都是属于企业直接接触顾客的作业方式。

B2C 模式可分为商城模式和团购模式。其中，商城模式的典型代表是天猫，各企业可以缴纳担保金进驻商城。类似的还有 QQ 商城、当当商城等。

团购模式是由商家将商品托管给平台的模式，知名的团购网站有美团网、拉手网、58 团购、满座团购、百度糯米、聚划算等。

- C2C

C2C 是指消费者与消费者之间的互动交易行为，这种交易方式是多变的。例如，消费者可同在某一竞标网站或拍卖网站中，共同在线出价而由价高者得标；或者由消费者自行在网络新闻论坛或 BBS 上张贴布告以出售商品。诸如此类因消费者间的互动而完成的交易，就是 C2C 交易。

国内 C2C 模式由易趣首创，但由于支付方式、沟通方式的不便利，以及平台的风格不适合中国的消费者，易趣最终被淘宝网取代。

知识加油站

O2O 营销模式

O2O 又称离线商务模式，是指线上营销、线上购买带动线下经营和线下消费。它是目前国内发展快速的一种新的运营模式。O2O 通过打折及提供信息、服务预订等方式，把线下商店的消息推送给互联网用户，从而将他们转换为自己的线下客户。O2O 特别适合必须到店消费的商品和服务，如餐饮、健身、电影和演出、美容美发、摄影等。

任务 4　注册淘宝网店

任务介绍

网上开店需要一个平台，一般以人气旺及收费低为重要参考标准。以 C2C 为运营模式的淘宝网成为同学们创业开店的首选。在本任务中，李勇和同小组的王丽、张军、钟珊将正式开启淘宝创业之旅。在开淘宝店之前应该做些什么呢？本任务将学习开通支付宝，并完成淘宝账号的注册。

活动 7　开通支付宝

活动描述

本活动中，李勇和同小组的王丽、张军、钟珊分别注册支付宝个人账号。开通支付宝方式有多种，本活动将主要介绍如何通过 PC 端在支付宝网站上注册个人账号。

活动实施

1.【搜一搜】搜索注册支付宝个人账号所需资料

步骤 1. 分组，4 个人为一个小组，以小组为单位进行讨论。
步骤 2. 小组讨论并收集以下信息。
（1）支付宝注册需要准备的个人信息。
（2）PC 端在支付宝网站上注册个人账号的操作流程。
步骤 3. 小组对收集的资料进行整理。
步骤 4. 小组派代表发言。

2.【做一做】PC 端注册支付宝个人账号

步骤 1. 在 PC 端打开支付宝网站，选择"个人"选项并单击"立即注册"按钮，页面如图 1-4-1 所示。

筹划开设网店 项目一

图 1-4-1 支付宝网站"立即注册"页面

步骤 2. 浏览《支付宝服务协议》《支付宝隐私权政策》，单击"同意"按钮，如图 1-4-2 所示。

图 1-4-2 "服务协议及隐私权政策"对话框

步骤 3. 选择"个人账户"选项，国籍/地区选择"中国大陆"选项，输入手机号和验证码，单击"下一步"按钮完成手机号验证，如图 1-4-3 所示。

图 1-4-3　手机号验证

步骤 4. 设置登录密码。该登录密码为 8~20 位字符，只能包含大小写字母、数字及标点符号（除空格），且至少包含大小写字母、数字和标点符号中的两种，如图 1-4-4 所示。

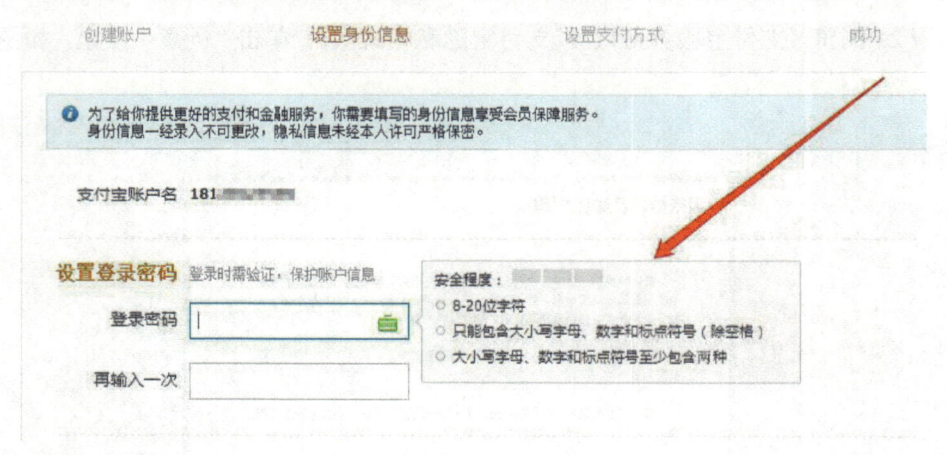

图 1-4-4　设置登录密码

步骤 5. 设置支付密码。该支付密码为 6 位数字，并且不能使用连续或相同的数字，如图 1-4-5 所示。

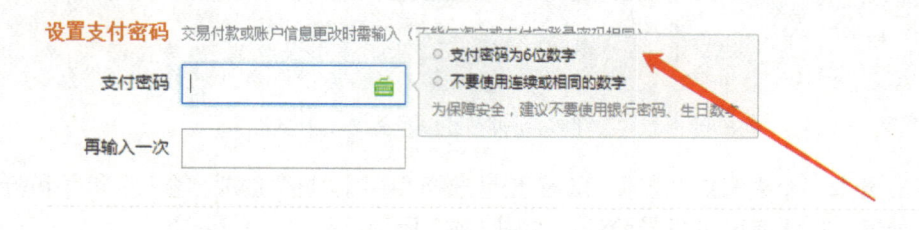

图 1-4-5　设置支付密码

步骤 6. 填写账号基本信息，如图 1-4-6 所示。
温馨提示：真实姓名、身份证号码为必填项且必须真实，注册完成后不可修改。另外，该页面中的职业、常用住址信息也为必填项。

图 1-4-6　填写账号基本信息

步骤 7. 绑定银行卡。输入用户的银行卡卡号及此卡在银行预留手机号,单击"同意协议并确定"按钮完成绑定银行卡,如图 1-4-7 所示。

图 1-4-7　绑定银行卡

步骤 8. 支付宝个人账户注册成功,如图 1-4-8 所示。

图 1-4-8　支付宝个人账户注册成功

知识加油站

淘宝网的支付方式

1. 支付宝

支付宝（中国）网络技术有限公司是国内领先的第三方支付平台，致力于提供"简单、安全、快速"的支付解决方案，旗下有"支付宝"与"支付宝钱包"两个独立品牌。

2. 第三方支付

第三方支付是指具备一定实力和信誉的独立机构，采用与各大银行签约的方式，通过与银行支付结算系统接口对接而促成交易双方进行交易的网络支付模式。

3.【说一说】支付宝个人账号有几种注册方式

步骤 1. 以小组为单位，找出支付宝个人账号的所有注册方式。

步骤 2. 小组讨论并分析这几种注册方式的操作流程。

步骤 3. 小组派代表分享小组观点。

活动 8　注册网店

活动描述

在活动 7 中，李勇和王丽、张军、钟珊分别在 PC 端注册了支付宝个人账号，这几位同学将在本活动中分别注册淘宝网店，事不宜迟，赶紧开始吧。

活动实施

1.【搜一搜】搜索注册网店所需资料

步骤 1. 分组，4 个人为一个小组，以小组为单位进行讨论。

步骤 2. 小组讨论并收集以下信息。

（1）店铺认证分为哪两种方式？

（2）个人店铺认证可分为哪两种方式？

（3）注册淘宝店铺时，开店认证需要准备的个人信息有哪些？

（4）如何在 PC 端注册淘宝店铺的个人账号？

步骤 3. 小组对收集的资料进行整理。

步骤 4. 小组派代表发言。

2.【做一做】PC 端注册淘宝网店个人账号

在注册淘宝网店账号之前，需先注册淘宝个人账号并完成支付宝认证及淘宝开店认证。

步骤 1. 在 PC 端登录淘宝网，单击"免费注册"按钮，如图 1-4-9 所示。

步骤 2. 浏览《淘宝平台服务协议》《法律申明及隐私权政策》《支付宝服务协议》，单击"同意协议"按钮，如图 1-4-10 所示。

筹划开设网店 **项目一**

图 1-4-9　注册淘宝账号

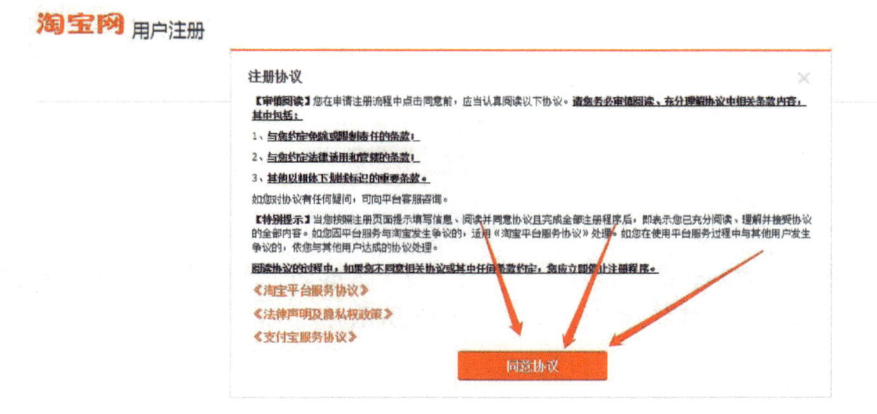

图 1-4-10　同意协议

步骤 3. 手机号验证。单击"个人账户"按钮，在"手机号"下拉列表中选择"中国大陆"选项，并输入手机号，拖动滑块到最右边，单击"下一步"按钮完成手机号验证，如图 1-4-11 所示。

图 1-4-11　手机号验证

029

步骤 4. 设置账号信息。设置登录名及登录密码，该登录密码为 6~20 位字符，只能包含字母、数字和标点符号（除空格），且至少包含字母、数字和标点符号中的两种。登录名一旦设置成功，将无法修改，如图 1-4-12 所示。

图 1-4-12　设置账号信息

步骤 5. 设置支付方式。依次输入银行卡号、持卡人姓名、证件信息、手机号码及验证码，并单击"同意协议并确定"按钮，如图 1-4-13 所示。

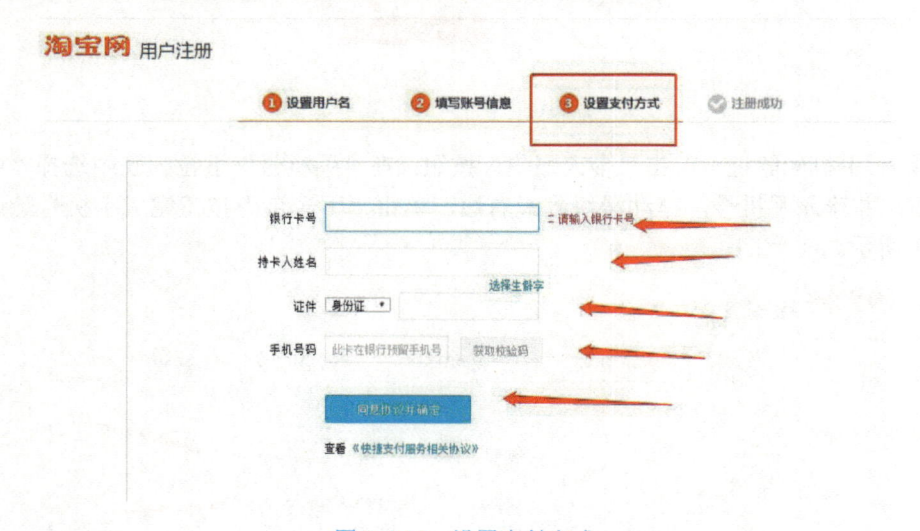

图 1-4-13　设置支付方式

步骤 6. 淘宝账户注册成功，如图 1-4-14 所示。

步骤 7. 登录淘宝账号。登录刚刚注册的淘宝账号，选择"卖家中心"→"免费开店"选项，如图 1-4-15 所示。

步骤 8. 在"免费开店"界面创建个人店铺，如图 1-4-16 所示。

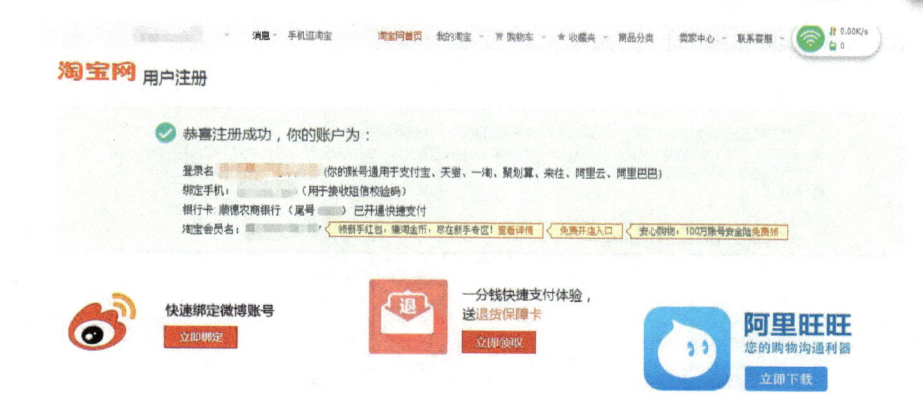

图 1-4-14　淘宝账号注册成功

图 1-4-15　登录淘宝账号

图 1-4-16　创建个人店铺

步骤 9. 浏览条例并确认，如图 1-4-17 所示。

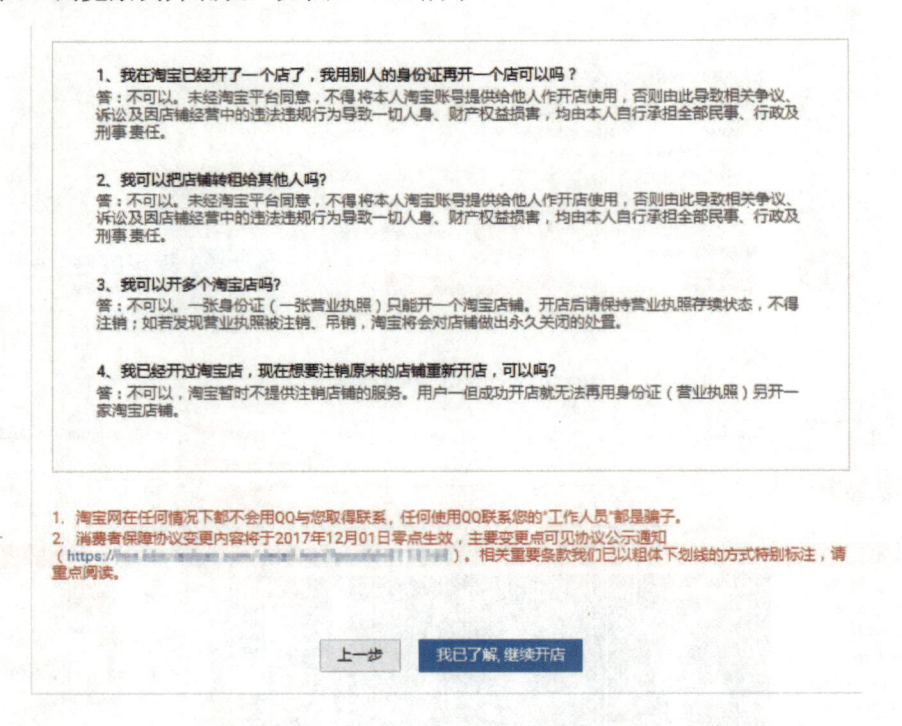

图 1-4-17　浏览条例并确认

步骤 10. 支付宝认证。选择证件类型，将证件的个人信息页及国徽页拍照上传，填写证件有效期，并同意将证件保存至卡包证件夹，单击"确认提交"按钮完成支付宝认证，如图 1-4-18 所示。

图 1-4-18　支付宝认证

步骤 11. 淘宝开店认证。单击"立即认证"按钮，如图 1-4-19 所示。

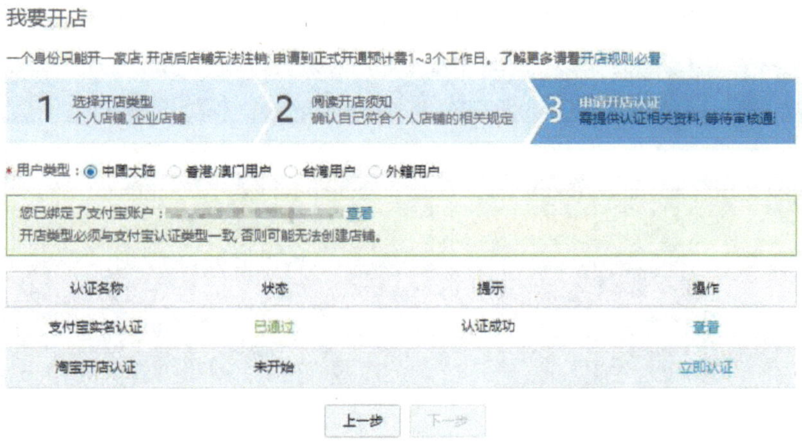

图 1-4-19　淘宝开店认证

步骤 12. 按提示完成验证，包括二维码扫描、验证手机号、填写联系地址、拍摄证件照片步骤，如图 1-4-20 所示。进入"淘宝身份认证资料"页面，输入姓名、身份证号码、身份证到期时间、上传手持身份证照片及身份证正面照片、联系地址、手机号等内容，最后单击"提交资料"按钮。会员页面并非统一，系统会根据认证者的网络安全做出不同的推荐，需根据实际页面操作。

注意：请务必如实填写并认真检查身份证信息、真实联系地址（经营地址）、有效手机号，以免因信息不符或虚假信息等原因导致认证无法通过。

图 1-4-20　验证步骤

步骤 13. 等待审核。资料审核时间为 48 小时，淘宝网会通过旺旺、站内信、电子邮件发送审核结果，耐心等待，无须催促。认证审核中的页面如图 1-4-21 所示。

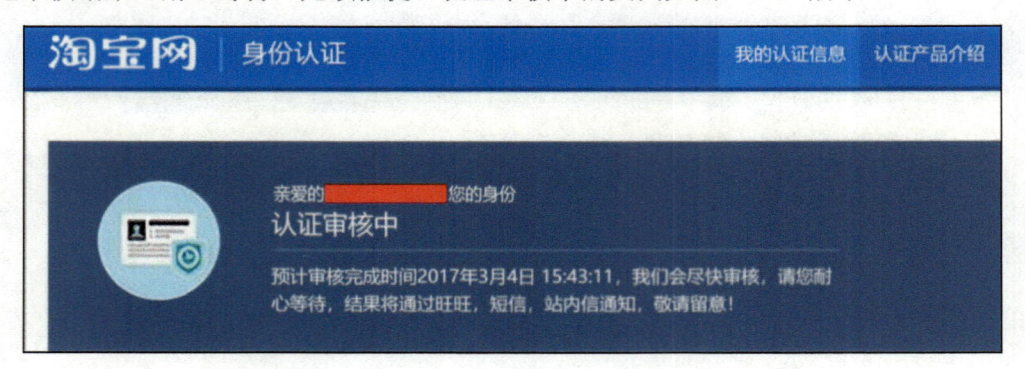

图 1-4-21　认证审核中的页面

步骤 14. 审核 48 小时后，登录淘宝网首页，选择"卖家中心"→"免费开店"选项可以查看审核结果。成功创建店铺页面如图 1-4-22 所示。

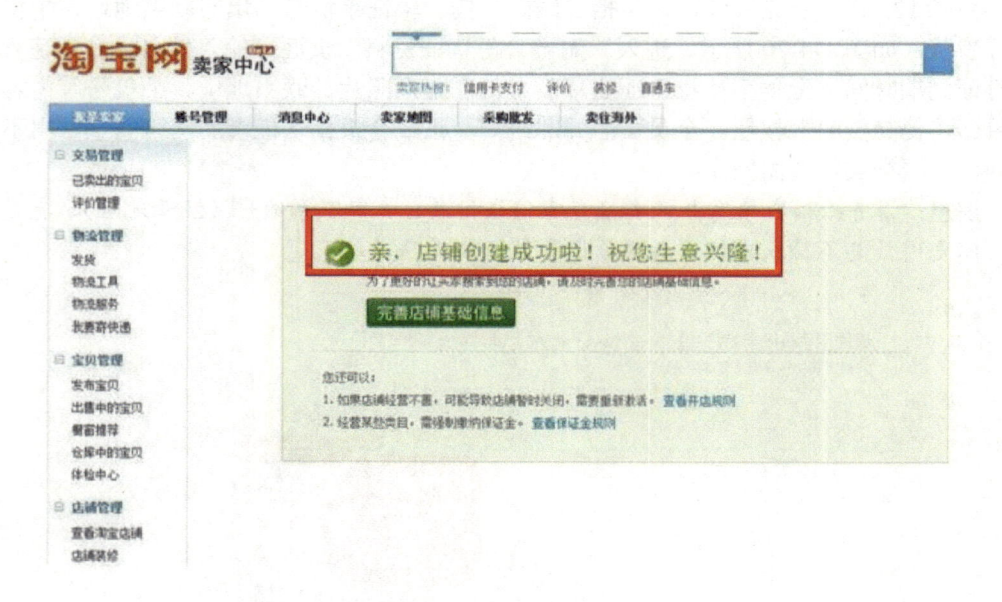

图 1-4-22　成功创建店铺页面

知识加油站

淘宝开店的认证方式

淘宝开店认证分为 PC 认证、手机淘宝客户端认证和阿里钱盾认证 3 种方式，系统根据网络环境做出指定推荐，目前无法更改认证方式。手机淘宝客户端认证和阿里钱盾认证方式类似，手机淘宝客户端认证需下载最新版手机淘宝客户端，而阿里钱盾认证需下载阿里钱盾。手机淘宝客户端认证步骤如下。

第一步：前期步骤与"PC 认证"操作步骤相同，进入"淘宝身份认证资料"页面，页面提示为"手机认证"，使用客户端中的扫码功能进行认证。

> 第二步：根据手机页面提示输入手机号，在接收并填写验证码后，完成手机号验证，输入真实联系地址（经营地址）。
> 第三步：根据要求完成拍照。手机淘宝客户端认证需上传手持身份证照片和身份证正面照片。
> 第四步：48 小时内淘宝会通过旺旺、站内信、电子邮件发送审核结果。
> 这 3 种认证方式通过后页面均会提示"认证通过"信息，接下来就可以进行开店操作。

3.【说一说】如何用阿里钱盾方式注册淘宝网店

步骤 1. 以小组为单位，找出用阿里钱盾方式注册淘宝网店的操作流程。
步骤 2. 小组讨论操作流程。
步骤 3. 小组派代表分享小组观点。

项目总结

选品和选择电商平台是网店开设中非常关键的一环，其决定店铺能否顺利运营。通过本项目的学习，同学们了解了各电商平台的特点和要求，掌握了选品、选择电商平台的基本方法和路径，为网店的开设、运营打下良好的基础。

项目检测

一、判断题（正确的画"√"，错误的画"×"）

1. 百度指数能提供近期搜索概况和搜索趋势。（   ）
2. 阿里指数中，"采购指数" > "供应指数"，说明市场的供求未饱和。（   ）
3. 淘宝网是目前国内最大的 B2C 交易平台。（   ）
4. 在注册淘宝店账号之前，需注册淘宝个人账号，完成支付宝、淘宝开店认证。（   ）
5. 淘宝开店认证只有 PC 认证、手机淘宝客户端认证这两种方式。（   ）

二、单项选择题（每题只有一个正确答案，请将正确答案填在题后的括号中）

1. 下列属于常用数据收集工具的是（   ）。
   A．天猫指数　　　B．拼多多指数　　　C．京东指数　　　D．百度指数
2. 下列属于商品批发平台的是（   ）。
   A．京东商城　　　B．天猫商城　　　C．淘宝网　　　D．阿里巴巴批发网
3. 下列不属于第三方支付平台的是（   ）。
   A．支付宝　　　B．财付通　　　C．百度钱包　　　D．京东通

三、合作实训

实训名称：收集并分析店铺开设前的相关数据。
实训目的：让同学们学会如何进行数据收集、整理及初步分析。
实训要求：以 4 个人为一个组，为本组预选的行业做数据收集、整理及初步分析，完

成一份行业数据分析报告。

步骤1. 内推一名活动小组长,明确组员分工,厘清所需的数据。

步骤2. 分工合作,1名成员负责收集趋势数据,1名成员负责收集市场饱和度数据,1名成员负责收集人群画像数据,1名成员负责收集消费者的年龄及性别数据。

步骤3. 由小组长汇总完成数据分析报告。

步骤4. 小组推选一名成员作为代表讲述本组的分析结果。

步骤5. 实训小结

项目二

拍摄商品图片

项目简介

在开始拍摄商品之前,首先需要选择一台合适的数码相机。本项目将引导同学们根据自己的需要选择一台合适的数码相机,并讲解数码相机的一些参数和性能。通过对灯饰、工艺品、小家电及衣物的实战拍摄,为同学们讲解在拍摄过程中的注意事项及拍摄技巧。

项目目标

- ➢ 能够区分常见的三大类数码相机,掌握不同材质商品的光源选用及布置。
- ➢ 能够正确选用合适的辅助器材。
- ➢ 能够分析数码相机的常用性能指标,并能根据性能指标判断数码相机的好坏。
- ➢ 熟练应用数码相机进行各类商品的拍摄,完成淘宝拍摄工作。

项目任务

任务1　选用拍摄器材
任务2　拍摄不同种类的商品图片

任务1　选用拍摄器材

任务介绍

通过对项目一内容的学习，同学们已经完成了网店注册工作，并选择好即将售卖的商品。本任务将带领同学们进入拍摄环节，将引导同学们根据自己的需求选择一款合适的数码相机。

活动9　选用相机

活动描述

本活动将详细讲解数码相机的分类，以及选用数码相机需要考虑的性能指标，并带领同学们了解数码相机的配件，以使大家在淘宝店铺拍摄的工作中能独立选择数码相机及相应配件。

活动实施

1.【搜一搜】搜索主流数码相机品牌

步骤1. 分组，4个人为一个小组，以小组为单位进行讨论。
步骤2. 收集目前市场上的主流数码相机品牌和型号。
步骤3. 小组对收集的素材进行归类并筛选。
步骤4. 小组派代表发言。

2.【做一做】挑选数码相机

步骤1. 选择像素合适的数码相机。像素不用太高，如果拍摄的原始图片不需要做大幅的裁剪，则300万～500万像素的数码相机完全够用。

步骤2. 选择感光元件合适的数码相机。感光元件就是电荷耦合（CCD），相当于数码相机的"胶卷"，它是数码相机的核心，是选购相机重要的参考条件。CCD尺寸越大，其所能记录的图像越大，尽量选CCD尺寸较大的数码相机，以得到更优的成像质量。

步骤3. 选择可以手动调节的数码相机。具有手动功能的数码相机很多参数可以手动调节，数据更加精准，可以完成一些特殊的拍摄效果。例如，拍摄高速运动的物体，快门时间要短，而光圈要大；夜晚拍摄车灯的轨迹，快门时间要长，而光圈要小。

步骤4. 选择焦距合适的数码相机。选择微距能力强（一般在5 cm以下）的数码相机，因为微距能力强的数码相机可以更好地近距离拍摄商品，以展现商品的细节，这样可以更真实地体现商品的质量（如衣服的质感）和做工（如衣服的裁剪），特别是拍摄一些体积小的商品，如首饰类商品，用微距拍摄的照片更清晰。

步骤5. 选择具有自定义白平衡功能的数码相机。白平衡即白色的平衡，白平衡是描述显示器中红、绿、蓝三基色混合生成后白色精确度的一项指标。数码相机的白平衡功能可以在拍摄时影响照片与真实商品的色彩还原、解决色差等。

步骤6. 根据以上选择数码相机的技巧，选择一款合适的数码相机，并以小组为单位制作电子课件（PPT），向其他小组展示。

知识加油站

数码相机

1. 数码相机的分类

（1）口袋机。顾名思义，口袋机是能放在口袋里的相机。其机身小巧、便于携带，也可以称为卡片机。

（2）微单相机。微单包含两个意思，微即微型小巧，单即可更换式单镜头。也就是说，这种相机具有小巧的体积和单反的功能。即微型小巧且具有单反功能的相机。

（3）单反相机。单镜头反光式取景相机又称为单反相机。它是指用单镜头，光线通过此镜头照射到反光镜上，通过反光取景的相机。

3种数码相机如图2-1-1所示。

a.卡片相机　　　　　　b.微单相机　　　　　　c.单反相机

图2-1-1　3种数码相机

2. 数码相机的常用性能指标

（1）像素。由一个数字序列表示图像中的一个最小单位。像素是构成数码影像的基本单元，通常以每英寸像素PPI（pixels per inch）为单位来表示影像分辨率的大小。数码相机像素的大小决定所拍摄出来的图片的清晰度。像素越高，图片越清晰。

（2）感光器。与传统相机的"胶卷"不同，数码相机的成像依靠其感光器。感光器是数码相机的核心部件。目前数码相机的感光器主要有两种，一种是被广泛使用的电荷耦合（CCD）元件；另一种是互补金属氧化物导体（CMOS）器件。CCD的成像质量高于CMOS，因此，高端数码相机都使用CCD作为感应器，CMOS主要应用于中低端的相机。

（3）光圈和快门。光圈和快门是选购数码相机的重要指标。好的数码相机随手一拍，便可以获得清晰、漂亮的照片，但是有些数码相机则需要使用三脚架，否则图像模糊或发虚。

3. 数码相机的配件

（1）镜头。根据镜头的用途，可将镜头大致分为超广角镜头、广角镜头、标准镜头、中长焦镜头、远摄镜头、微距镜头、移轴镜头、鱼眼镜头、增距镜头。在商品拍摄前，应根据商品类型、拍摄场景等选择合适的镜头。

（2）电池。数码相机的充电电池主要有镍镉电池、镍氢电池、锂电池3种，推荐选用镍氢电池或锂电池。当然锂电池最好，其不仅体积小，性能也比镍氢电池好。

（3）存储卡。目前市场上存储卡类型很多，主要有小型闪存卡（CFC—Compact Flash Card）、智慧卡（SMC—Smart Media Card）、记忆棒（MSC—Memory Stick Card）、多媒体卡（MMC—MultiMedia Card）和安全数字卡（SDC—Secure Digital Card）等。在选购存储卡前应确认适用于数码相机的存储卡类型。

3.【说一说】如何选用拍摄器材

步骤1. 以小组为单位，讨论如何选用拍摄器材。
步骤2. 小组派代表分享小组观点。

活动10　选用灯光

活动描述

在本活动中，将通过对不同材质商品的拍摄灯光的选择及布光技巧等方面为同学们讲解，并以黄色威士忌为例详细说明在拍摄透明物品时的布光。通过对本活动的学习及训练，同学们能够在淘宝拍摄工作中自如选用灯光及完成拍摄场景的布置。

活动实施

1.【搜一搜】搜索常用的灯源

步骤1. 分组，4个人为一个小组，以小组为单位进行讨论。
步骤2. 搜索淘宝拍摄中常用的灯源。
步骤3. 小组讨论所收集的淘宝拍摄中常用的灯源。
步骤4. 小组派代表发言。

2.【做一做】拍摄金黄色威士忌

步骤1. 将主光源放置在酒瓶的左侧，如图2-1-2所示，前后移动主光源，以调整进光角度，让光分布在酒瓶左侧。

步骤2. 在主光源前放置一片透光幕，如图2-1-3所示，透光幕的面积应大于酒瓶。这样可以通过左右旋转透光幕来控制酒瓶上反光区域的大小。

图 2-1-2　主光源

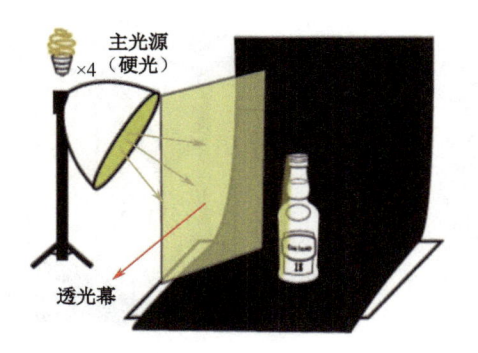

图 2-1-3　透光幕

步骤 3．在酒瓶的正后方放置一张白纸以增加酒瓶透明度，如图 2-1-4 所示。

步骤 4．在酒瓶的右后方放置一片反光板，如图 2-1-5 所示，通过左右旋转反光板来控制边光区域，前后倾斜反光板来控制边光的强弱。

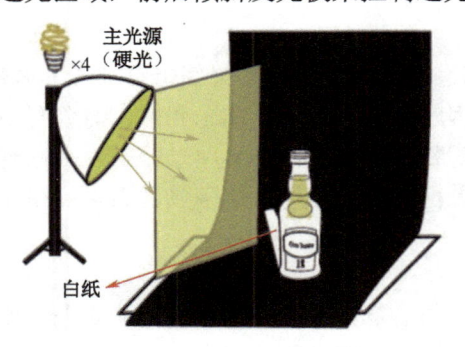

图 2-1-4　白纸

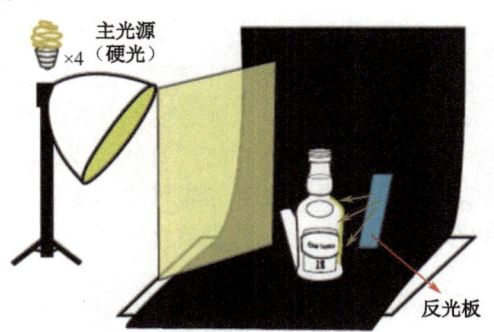

图 2-1-5　反光板

步骤 5．重复步骤 4，将另一片反光板（第二片反光板）放置在酒瓶的左后方，如图 2-1-6 所示，它可以将瓶身左侧边光勾勒出来。

步骤 6．在酒瓶的右前方放置一片反光板（第三片反光板），如图 2-1-7 所示，并将这片反光板微微向后倾，以降低反光的强度，这时烫金 Logo 的右侧会有明显的光影变化。

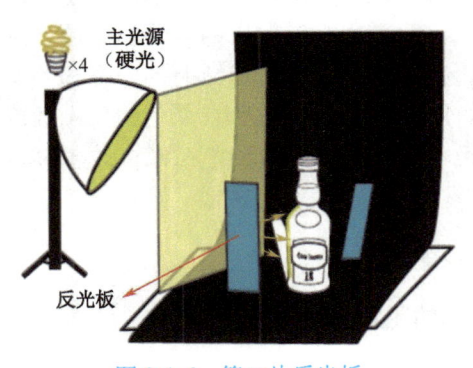

图 2-1-6　第二片反光板

图 2-1-7　第三片反光板

步骤 7．重复步骤 6，在左前方加一片反光板（第四片反光板），如图 2-1-8 所示，这时烫金贴纸的左侧会产生一片反光区域，瓶身的弧面会比较好看。

图 2-1-8　第四片反光板

知识加油站

不同材质物体的布光

1. 透明物体

透明物体主要指各种玻璃制品和部分塑料器皿，它的最大特点是光线能够穿透其内部。在拍摄透明物体时，表现透明物体的透明感并不困难；表现透明物体光亮感，需要利用光的反射，使之产生强烈的"高光"反光；表现透明物体的形状需要利用光的折射来达到预期效果。透明物体最好的表现手法是在明亮的背景前，物体以黑色线条显现出来；在深暗的背景前，物体以浅色线条显现出来。

2. 吸光物体

吸光物体比较常见，如木制品、纺织品、纤维制品及大部分塑料制品等。吸光物体的布光较为灵活。表面粗糙的物体，如粗陶制品，一般采用侧光照明来表现其表面质感；表面光滑的物体，如部分塑料制品和表面上过油漆的物体等，此类物体一般都有光泽，会反射少量定向光，可用大面积光源来照明，在布光时，因为这类物体的高光部分能将光源的形状反映出来，所以要注意光源的形状。

3. 反光物体

反光物体包括银器、电镀制品及搪瓷制品等，其最大特点是对光有强烈的反射作用，一般不会出现柔和的明暗过渡现象。反光物体布光一般采用经过散射的大面积光源。反光物体的高光部分会像镜子一样反映出光源的形状，布光的关键是把握光源的外形和照明位置。因为反光物体不易产生丰富的明暗层次变化，所以可将一些灰色、黑色的反光板或吸光板放置在这类物体旁，让反光物体反射出这些色块，以增添物体的厚实感，改善其表现效果。

3.【说一说】在布光过程中遇到的困难，如何解决。

步骤 1. 以小组为单位，总结在布光过程中遇到的困难。

步骤 2. 小组讨论解决困难的方法。

步骤 3. 小组派代表分享小组观点。

活动 11　选用辅助器材及饰品

活动描述

在本活动中，将讲解数码相机的主要辅助器材，并详细介绍如何利用常见的生活物品完成简易摄影棚的搭建。通过本活动的学习，同学们能在拍摄工作中，熟练选用合适的辅助器材，以提高拍摄质量及工作效率。

活动实施

1.【搜一搜】搜索数码相机的主要辅助器材

步骤 1. 分组，4 个人为一个小组，以小组为单位进行讨论。
步骤 2. 搜索数码相机的主要辅助器材。
步骤 3. 小组讨论所收集的辅助器材。
步骤 4. 小组派代表发言。

2.【做一做】制作简易的小商品摄影棚

步骤 1. 准备工具、原料：美工刀、透明胶、硬纸箱、背景纸。
步骤 2. 将硬纸箱的三面或四面开窗（除箱口和箱底外），如图 2-1-9 所示。需要注意开窗时不要着急切掉，预留每面的 4 个角，等所有面都切完，再一次性切掉，这样纸箱不容易因为切割时的压力而变形。
步骤 3. 裁一块大小合适的背景纸板放入纸箱内并固定，纸板的透光度越低越好，需要注意纸板的弧度。裁背景纸板如图 2-1-10 所示。
步骤 4. 在箱内放入黑色亚光纸，如图 2-1-11 所示，这样摄影棚的主体就制作完成了。
步骤 5. 将左、右两侧窗口及箱口贴上白纸、布或硫酸纸，如图 2-1-12 所示。

图 2-1-9　将硬纸箱三面或四面开窗　　　　图 2-1-10　裁背景纸板

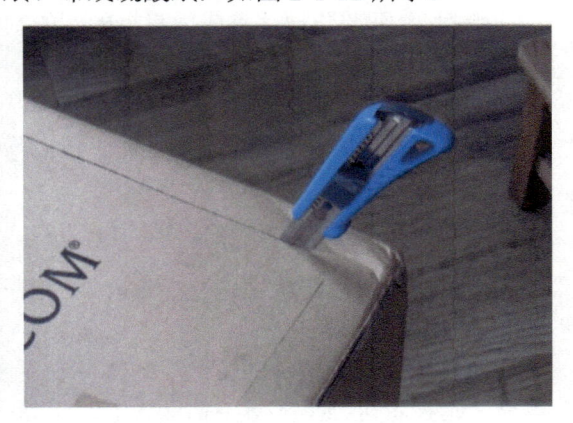

图 2-1-11　纸箱内加黑色亚光纸　　　　　　　　图 2-1-12　贴白纸

步骤 6. 添加光源。用"费力扑"的日光色节能灯做光源,箱口上方一盏,左右两侧或斜下方一盏,如图 2-1-13 所示。

图 2-1-13　添加光源

步骤 7. 细节整理,完成简易摄影棚的制作。

知识加油站

摄影辅助器材

1. 三脚架

三脚架是指在拍摄中用来固定相机的辅助器材。无论生活拍摄还是商业拍摄都不可忽视三脚架的作用,稳定性是选择三脚架的第一个要素。

2. 简易摄影棚

简易摄影棚是指借助生活中的常见物品制作的可以满足普通产品拍摄需求的摄影辅助器材。拍摄者可根据实际拍摄需求自制简易摄影棚。由于其成本低、制作简单,因此被广泛应用于淘宝店铺的拍摄。

3. 背景纸

背景纸是淘宝拍摄中重要的摄影辅助器材。它的作用是给拍摄物加背景,既可以是白色的，也可以是其他颜色或某个场景，根据拍摄需要进行选择。背景纸的作用是避免反光影响照片的效果。

3.【说一说】制作简易摄影棚的注意事项

步骤 1. 以小组为单位，讨论制作简易摄影棚的注意事项。
步骤 2. 小组派代表分享小组观点。

任务 2　拍摄不同种类的商品图片

任务介绍

拍摄商品图片是非常重要的技能。通过任务 1 的学习，同学们对拍摄设备、辅助器材及拍摄时的布光等有了全面的了解，接下来要学习如何更好地利用拍摄设备进行拍摄，掌握针对不同商品采用的拍摄技巧，本任务分别以灯饰、玩具、小家电及服饰类商品为例进行详细介绍。

活动 12　拍摄灯饰

活动描述

灯饰也称为灯具，它是一种比较特殊的产品，其本身会发光。灯饰有很多种类，不同种类的灯饰有不同的亮度、装饰性、照明环境等特点。

活动实施

1.【搜一搜】搜索灯饰产品

步骤 1. 分组，4 个人为一个小组，以小组为单位进行讨论。
步骤 2. 以"灯饰"为关键词进行搜索，收集灯饰产品及其特点。
步骤 3. 小组对收集的资料进行整合归纳。
步骤 4. 小组派代表发言。

2.【做一做】拍摄灯饰

步骤 1. 学习和掌握拍摄灯饰的 10 个知识点。

1．三脚架

拍摄灯饰一定要用三脚架，因为灯饰通常只会在晚间亮起，晚间拍摄时快门的速度往往只有 2～30 秒，这时就需要一支三脚架稳定相机。至于三脚架的种类没有要求，从旅行三脚架到较重型的三脚架都可以，能够支撑相机，并有 100 厘米或以上的高度即可。

2．快门线

利用快门线可以减小在曝光时因手指触碰相机而产生的震动，以使照片更加清晰。

3．星形滤镜

在一些节日照片中的灯光有灿烂夺目的星芒，要做到这种效果并不难，只要将一片星形滤镜安装在镜头前就可以了。星形滤镜本身是一片无色的滤镜，镜片上布满网状坑纹，它能使点状的光线散射出星芒。

4．数码相机

数码相机没有限制，从小型 DC 到 D-SLR 都可拍出非常好的灯饰照片。

5．设置相机的曝光补偿

在对着一大串电灯泡拍摄时，相机的测光系统会高估现场亮度，拍出来的照片会偏暗。因此，在拍摄灯饰时可以将曝光补偿设定为+1～+2EV，这样可以增加照片的整体亮度。

6．白平衡

采用不同的预设白平衡，会产生不同的气氛。如果采用钨丝灯预设白平衡，相机可能过分纠正照片的色温，拍出来的照片会一片惨白，令照片大为失色。偏暖的色调有助于表达节日的气氛，可以用日光预设白平衡，从而拍出热闹的气氛。

7．光圈、快门、ISO

如果采用 D-SLR 拍摄，则可以用 f/8～f/16 的光圈值拍摄以增加照片的景深，由于光圈细，这时照片的快门会减慢到 8～30 秒。超长的曝光时间可将街上的行人及车辆变为"透明"，以降低照片的杂乱度，此时务必将相机的 Noise Reduction 选项开启。感亮度可以设置为 ISO 100，不过有些旧型号的小型 DC 在曝光时会产生很高的噪声，这时反而要选用 ISO 200 感亮度及大光圈以提高相机的快门速度，尽量将快门速度维持在 2 秒以内。

8．玩花样

如果同学们已经掌握了拍摄灯饰的基本方法，可以尝试用一些特别的方法拍摄，以使照片具有更多且有趣的变化。

9．拉爆

在照片曝光过程中扭动变焦环，可以使照片产生爆炸性的效果，扭动的幅度越大，爆炸的效果就越夸张，不过扭动的幅度太大会使照片太花，以致失去了灯饰的本来面目。

10．双重曝光

有些拍摄者用相机的双重曝光功能将两张以上的灯饰照片重叠，以增加照片的虚幻效果。如果照片都用 DC 拍摄，则可以在拍好照片后用制图软件将照片重叠，在重叠时还可以局部放大、缩小，这种数码迭底方式大大提高了双重曝光的方便度。如果同学们有意做事后双重曝光，则在拍摄时就要多拍几张有较多空位的照片作迭底之用。

步骤2. 请同学们课后利用上面提到的方法尝试拍摄不同的灯饰，以4个人为一个小组，拍摄不少于 10 张灯饰照片。

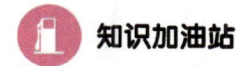

分类拍摄灯饰

1. 灯饰种类及特点

（1）吊灯。

吊灯的种类很多，常用的有欧式烛台吊灯、中式吊灯、水晶吊灯、羊皮纸吊灯、时尚吊灯、锥形罩花灯、尖扁罩花灯、束腰罩花灯、五叉圆球吊灯、玉兰罩花灯、橄榄吊灯等。用于居室的吊灯分单头吊灯和多头吊灯两种，前者多用于卧室、餐厅，后者多用于客厅。吊灯的安装高度要求其最低点距离地面不少于2.2米。

（2）吸顶灯。

常用的吸顶灯有方罩吸顶灯、圆球吸顶灯、尖扁圆吸顶灯、半圆球吸顶灯、半扁球吸顶灯、小长方罩吸顶灯等。吸顶灯适合于客厅、卧室、厨房、卫生间等处。吸顶灯可直接安装在天花板上，安装简易、款式简单大方，赋予空间清爽明快的感觉。

（3）落地灯。

落地灯常用作局部照明，它便于移动，对于角落气氛的营造非常实用。落地灯的采光方式若是直接向下投射，则适合阅读等需要精神集中的活动；若是间接照明，则可以调整整体的光线变化。

（4）壁灯。

壁灯适合于卧室、卫生间。常用的壁灯有双头玉兰壁灯、双头橄榄壁灯、双头鼓形壁灯、双头花边杯壁灯、玉柱壁灯、镜前壁灯等。壁灯的安装高度要求其灯泡距离地面不少于1.8米。

（5）台灯。

台灯按材质可分为陶瓷灯、木灯、铁艺灯、铜灯、树脂灯、水晶灯等；按功能可分为护眼台灯、装饰台灯、工作台灯等；按光源可分为灯泡、插拔灯管、灯珠台灯等。

（6）筒灯。

筒灯一般安装在卧室、客厅、卫生间。这种嵌装于天花板内部的隐置性灯具，所有光线都向下投射，属于直接配光。可以用不同的反射器、镜片、百叶窗、灯泡等，以取得不同的光线效果。筒灯不占空间，可以增添空间的柔和气氛，如果想营造温馨的感觉，则可安装多盏筒灯，以减轻空间压迫感。

（7）射灯。

射灯既可安装在吊顶四周或家具上部，也可置于墙内、墙裙或踢脚线里。光线直接照射在需要强调的家什器物上，以突出主观审美，达到重点突出、环境独特、层次丰富、气氛浓郁、缤纷多彩的艺术效果。射灯的光线柔和、雍容华贵，既可对整体照明起主导作用，又可局部采光，烘托气氛。

（8）浴霸。

浴霸按取暖方式可分为灯泡红外线取暖浴霸和暖风机取暖浴霸两种，主流是灯泡红外线取暖浴霸；按功能可分为三合一浴霸和二合一浴霸这两种，三合一浴霸有照明、取暖、排风功能，二合一浴霸只有照明、取暖功能；按安装方式可分为暗装浴霸、明装浴霸、壁挂式浴霸3种，暗装浴霸比较漂亮，明装浴霸直接装在顶上，一般在不能采用暗装和明装浴霸时才选择壁挂式浴霸。

（9）节能灯。

节能灯的亮度、寿命和节能性能比一般的白炽灯泡优越。节能灯有U型、螺旋型、花瓣型等款式，功率在3~40瓦。不同型号、不同规格、不同产地的节能灯价格相差很大。筒灯、吊灯、吸顶灯等灯具中一般都能安装节能灯。节能灯一般不适合在高温、高湿环境下使用，浴室和厨房应尽量避免使用节能灯。

2．灯饰的拍摄技巧及个别灯饰的拍摄注意事项

（1）黑色背景容易突出灯饰本身，但使用和灯光颜色相近的背景，照片会更和谐，例如，橙红色灯就用淡橙色背景，蓝色灯就用天蓝色背景或白色背景。

（2）如果灯饰不是靠得太近或颜色太杂，则可以不使用背景，只要保持相机所在地没有光线射出造成反光，灯具本身的光就会被突出。

（3）本身会发光的灯饰被珠宝灯照射会造成反光，影响灯具形象。

（4）四周光线暗对拍摄灯饰没影响。将相机设置为M档，使用大光圈、三脚架、近焦距，适当调节曝光时间就会有很好的拍摄效果。如果噪点多，则调节ISO不超过400即可。

（5）如果没有能自由调节的相机，建议把相机测光模式设置为点测光，并拉近焦距。

（6）拍摄水晶灯时要注意光线的折射，避免杂光源，并用外拍灯补光（用几盏灯要根据折射的效果而定）。打开水晶灯，但灯光不要过亮，否则达不到水晶灯晶莹剔透的特殊效果。

3.【说一说】拍摄灯饰的心得体会

步骤1. 针对本任务"做一做"中的课后任务，以小组为单位，讨论拍摄好的照片，选出3张拍摄效果最佳的照片。

步骤2. 小组派代表展示照片并介绍拍摄过程，主要介绍拍摄技巧及拍摄中遇到的问题。

活动13　拍摄玩具

活动描述

学习完拍摄灯饰，接下来介绍拍摄玩具。在网购中，买家对玩具的了解主要通过玩具图片，图片清晰、光线和拍摄角度适当、布置合理，才能向买家真实准确地传递产品信息，从而激起买家的购买欲望。因此，掌握玩具的拍摄技巧非常重要。

活动实施

1.【搜一搜】在网上搜索玩具的拍摄技巧

步骤1. 分组，4个人为一个小组，以小组为单位进行讨论。

步骤2. 在网上搜索玩具的拍摄技巧。

步骤 3. 小组讨论所收集的相关拍摄技巧。
步骤 4. 小组派代表发言。

2.【做一做】拍摄玩具

步骤 1. 讨论和学习玩具的拍摄技巧
（1）再近一点。

尽量靠近拍摄对象，让拍摄对象把相机的取景器或液晶显示屏填满，以创作印象深刻的照片。越接近拍摄对象，色彩对比度和清晰度就越佳。玩具 1 如图 2-2-1 所示。

对焦是影响照片清晰与否的关键，在拍摄时对焦准确清晰后再按下快门。对焦方法为先粗略对焦，再构图，最后精确对焦。一般情况下，应该选取画面上最吸引人的部分，也就是拍摄者最想表现的部分，并保持快门的半按状态，在焦点对准后（要稍微等一下以便相机进行对焦）再从容地按动快门。玩具 2 如图 2-2-2 所示。

图 2-2-1　玩具 1

图 2-2-1 的相机参数设置：EOS 5D Mark Ⅲ 的速度为 1/30 秒，光圈值为 F2.8，ISO 为 800，焦距为 50mm。

图 2-2-2　玩具 2

图 2-2-2 的相机参数设置：EOS 70D 的速度为 1/160s，光圈值为 F4.5，ISO 为 100，焦距为 28mm。

（2）选择微距功能拍摄玩具。

微距可以表现玩具摄影需要的浅景深效果。微距镜头营造的背景虚化效果如图 2-2-3 所示。

微距镜头是以专门拍摄微小被摄物或翻拍小画面图片为目的的镜头，这种镜头的分辨率高、畸变像差小、反差强、色彩还原佳。微距镜头捕捉拍摄对象细节如图 2-2-4 所示。

图 2-2-3　微距镜头营造的背景虚化效果

图 2-2-3 的相机参数设置：EOS 70D 的速度为 1/15s，光圈值为 F2.8，ISO 为 100，焦距为 100mm。

图 2-2-4　微距镜头捕捉拍摄对象细节

图 2-2-4 的相机参数设置：EOS 70D 的速度为 1/20s，光圈值为 F4.0，ISO 为 250，焦

距为 100mm。

（3）多变角度拍摄玩具。

拍摄时要注意角度的变化，同样的玩具，不同角度拍摄出的效果可能完全不同，多一些角度，即使拍摄同一玩具，也会有不同的感觉。俯拍玩具效果如图 2-2-5 所示，高一点视角俯拍可让玩具更呆萌。

（4）采用大光圈拍摄玩具。

在拍摄玩具时，对细节的把握非常重要。选用大光圈、浅景深，将主体从背景中分离出来是常见的拍摄模式。大光圈可以完美地虚化背景，让纷乱复杂的景物相互融合，营造出童话般梦幻的感觉。拍摄效果如图 2-2-6、图 2-2-7 所示。

图 2-2-5　俯拍玩具效果

图 2-2-5 的相机参数设置：EOS 70D 的速度为 1/100s，光圈值为 F11.0，ISO 为 100 焦距为 70mm。

图 2-2-6　大光圈虚化圣诞光斑的拍摄效果

图 2-2-6 的相机参数设置：EOS 70D 的速度为 1/80s，光圈值为 F2.8，ISO 为 800，焦距为 50mm。

图 2-2-7　玩具 7 大光圈虚化效果

图 2-2-7 的相机参数设置：EOS 70D 的速度为 1/80s，光圈值为 F1.8，ISO 为 200，焦距为 50mm。

在拍摄时不要单纯考虑光圈的大小，而忽视了曝光时间。如果光线充足，则可以适当收缩 1～2 档光圈以获得更好的画质。大光圈并收缩 1～2 档光圈的拍摄效果如图 2-2-8 所示。

图 2-2-8　大光圈并收缩 1～2 档光圈的拍摄效果

图 2-2-8 的相机参数设置：EOS 5D Mark Ⅲ 的速度为 1/40s，光圈值为 F2.8，ISO 为 800，焦距为 57mm。

（5）营造别样场景拍摄玩具。

玩具摄影的魅力在于对玩具重新定义并赋予它新的内涵和生命力。在拍摄时不仅要突出主体，还要兼顾环境，使二者有机融合，并在氛围上构成呼应。玩具置于不同的场景中，便有不同的效果，拍摄元素更丰富，情节更有可看性。在镜头下，与周围环境构成一幅幅或奇幻、或诙谐、或唯美的画面。玩具与环境兼顾的拍摄效果如图 2-2-9 所示。

图 2-2-9　玩具与环境兼顾的拍摄效果

图 2-2-9 的相机参数设置：EOS 70D 的速度为 1/50s，光圈值为 F1.4，ISO 为 1600，焦距为 50mm。

拍摄前要观察场景，观察的出发点在于如何在现有条件下把这个场景的特点和氛围发挥得更好。拍摄效果如图 2-2-10、图 2-2-11 所示。

图 2-2-10　场景与主体融合的拍摄效果

图 2-2-10 的相机参数设置：EOS 70D 的速度为 1/3s，光圈值为 F4.0，ISO 为 100 焦距为 60mm。

图 2-2-11　场景与主体搭配的拍摄效果

图 2-2-11 的相机参数设置：EOS 70D 的速度为 1/800s，光圈值为 F2.8，ISO 为 100，焦距为 60mm。

步骤 2. 请同学们课后结合上面介绍的拍摄技巧尝试拍摄玩具，以 4 个人为一个小组，拍摄不少于 2 种玩具且不少于 10 张照片。

知识加油站

拍摄玩具的注意事项

1. 准备相关设备

数码相机。一般 200 万～300 万像素的数码相机就足够网店商品拍摄使用。另外，拍摄玩具的数码相机须有微距功能。

三脚架。手持相机拍摄时会抖动，使用三脚架对保证照片清晰非常有利。

摄影灯和反光板。想在光线不足的环境中拍摄出清晰的照片，如果没有辅助光源，则非常困难，这时准备几盏摄影灯就十分必要。如果不希望太多、太硬、太直白的光线打在拍摄物上，则需要一块反光板，它可以让平淡的画面变得更加饱满，体现出良好的影像光感、质感。

光线在玩具拍摄中非常重要，在没有专业灯光设备的条件下，应尽量使用自然光。如果需要灯光条件拍摄，则须考虑室内光线、色温。

2. 拍摄角度

从正面、侧面、背面等不同角度拍摄，方便买家了解玩具的全貌。每件玩具都有适合的拍摄角度，有的适合从上到下，有的适合从近到远，有的则需要从侧面拍摄，可以尝试不同角度拍摄，在拍摄前先从每个角度观察玩具，看看哪个角度的视觉效果更好。了解整个玩具的主题部位，注意给主题部位一个特写。

3. 背景布局

拍摄玩具一般选择明亮素色的背景，太花的背景会喧宾夺主。

4. 拍摄玩具

拍摄玩具（尤其是毛绒玩具）一般要用柔光，在自然光线下拍出的才好看。夏天9:00～11:00、15:00～17:30是最佳的拍摄时间，太阳落山时最好别拍，夕阳的红光会让照片出现偏色。

在实际拍摄时需要根据拍摄对象、拍摄环境做出调整。

3.【说一说】拍摄玩具的心得体会

步骤1. 以小组为单位，讨论拍摄好的照片，选出3张拍摄效果最佳的照片。

步骤2. 小组派代表展示照片并介绍拍摄过程，主要介绍拍摄技巧，以及拍摄中遇到的问题。

活动14 拍摄小家电

活动描述

中国的小家电行业正处于快速成长的阶段，市场潜力巨大，但行业竞争日趋激烈，从2012年开始，小家电销售普遍低迷，电子商务的兴起成了挽救小家电生产企业的救生圈，强劲的销售数据验证了专家对小家电只有转战电子商务才有出路的论点，因此，如何更好地展示小家电便成了商家做好营销的重要环节。

活动实施

1.【搜一搜】在网上搜索小家电及种类

步骤1. 分组，4个人为一个小组。
步骤2. 在网上搜索小家电的相关知识。
步骤3. 小组讨论收集整理的资料。
步骤4. 小组派代表发言。

2.【做一做】拍摄小家电

由于小家电的材质不同，因此拍摄的要求也有所不同，下面以3款料理机为例介绍小家电的拍摄。它们的主要材质分别为金属、玻璃和塑料，可以通过影调处理，用冷调画面的沉稳、雅致、略带神秘感来表现产品造型别致。3款料理机拍摄效果图如图2-2-12所示。

步骤1. 准备道具。本次拍摄以光影为主，为得到更好的光影与色调，需要用到木栅栏和蓝色玻璃纸这两种道具，如图2-2-13所示。

步骤2. 拍摄前先把产品擦干净，去除灰尘和污迹，然后把产品放到拍摄台上并摆好造型，如图2-2-14所示。

图 2-2-12　3 款料理机拍摄效果图

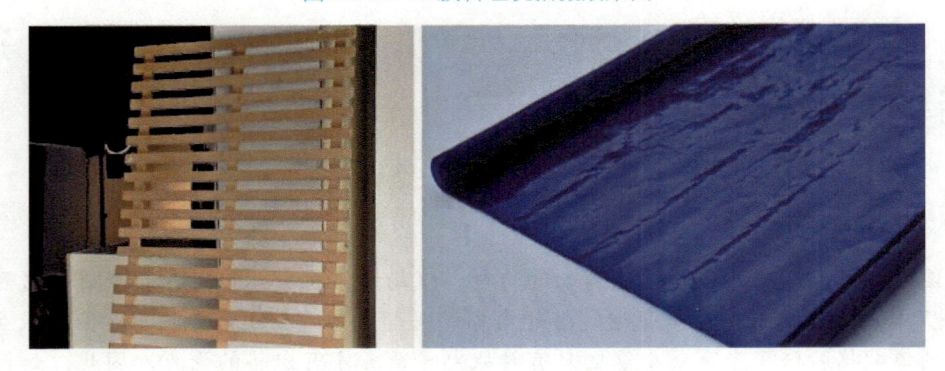

a. 木栅栏　　　　　　　　　b. 蓝色玻璃纸

图 2-2-13　拍摄道具

图 2-2-14　擦净待拍摄的产品

步骤 3. 布光。布光示意图如图 2-2-15 所示。

在布光中，除要掌握产品材质的反光特性外，还要根据场景需要增加不同的灯光及附件，本次拍摄在产品下方放置一块反光玻璃，用以产生倒影。

拍摄时在产品背后及两侧放置闪光灯，通过侧逆光配合柔光纸来勾勒产品的轮廓，充分利用光的特性将产品材质的反射特性表现出来。

通过光影将产品表现得略带神秘感，在布光中有所侧重，该反光的地方让反光更加强烈，该暗的地方更加沉稳。调整好灯光后，在产品后方柔光纸的背后放置蓝色玻璃纸，结合闪光灯的照射让照片的色彩呈现蓝色的冷调。

拍摄时要注意对不同影调的处理，低调照片画面沉稳多用于造型别致、轮廓线条多变的家电类产品；高调照片画面明亮、温馨更适合风扇、电饭煲等家电类产品。在拍摄时，可用小电筒照亮产品的关键部位，或者根据产品结构特点，拍摄局部特写图来增强视觉冲击力。产品拍摄效果图如图 2-2-16 所示。

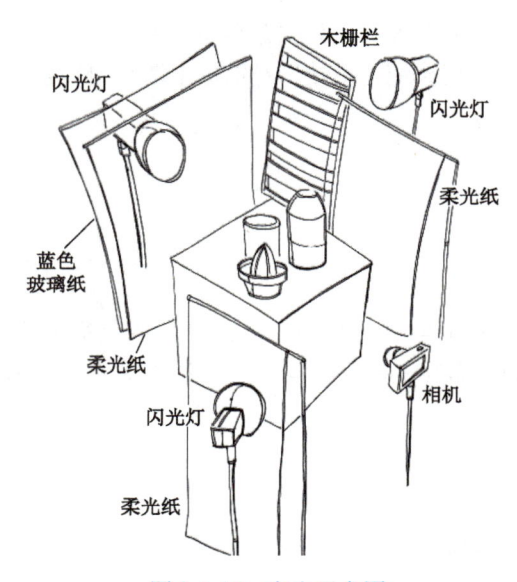

图 2-2-15　布光示意图

图 2-2-16　产品拍摄效果图

请同学们认真学习上述拍摄案例，以 4 个人为一个小组进行实践，自由选择一种小家电进行拍摄，拍摄照片不少于 10 张。

知识加油站

小家电介绍

小家电一般是指除大功率输出的电器外的家电，因为这些家电一般功率较小，或者机身体积较小，所以称为小家电。小家电又被称为软家电，它是提高人们生活质量的家电产品。

按照小家电的使用功能，可以将其分为以下 4 类。

1. 厨房小家电

主要包括酸奶机、煮蛋器、电热饭盒、豆浆机、电热水壶、电压力煲、豆芽机、电磁炉、电饭煲、电饼铛、烤饼机、消毒碗柜、榨汁机、电火锅、微波炉、多功能食品加工机等产品。

2. 家居小家电

主要包括电风扇、音响、吸尘器、电暖器、加湿器、空气清新器、饮水机、净水器、电动晾衣机等产品。

3. 个人生活小家电

主要包括电吹风、电动剃须刀、电熨斗、电动牙刷、电子美容仪、电子按摩器等产品。

4. 数码产品

主要包括 MP3、MP4、电子词典、掌上学习机、游戏机、数码相机、数码摄像机等产品。

3.【说一说】拍摄小家电的心得体会

步骤 1. 以小组为单位,讨论拍摄好的照片,选出 3 张拍摄效果最佳的照片。

步骤 2. 小组派代表展示照片并介绍拍摄过程,主要介绍拍摄技巧及拍摄中遇到的问题。

活动 15　拍摄服饰

活动描述

在众多网店中,服饰类是很多小商家首选的商品。面对激烈的竞争,如何拍出更真实、美丽的服饰,展示自己服饰的特色成为爆款的关键切入口,本活动将详细介绍服饰的拍摄技巧和注意事项。

活动实施

1.【搜一搜】在网上学习有关服饰的拍摄技巧

步骤 1. 分组,4 个人为一个小组。
步骤 2. 通过网络资料学习服饰拍摄的理论知识。
步骤 3. 小组讨论并总结服饰的拍摄技巧。
步骤 4. 小组派代表发言。

2.【做一做】拍摄服饰

步骤 1. 掌握拍摄服饰技巧。

一般情况下,拍摄服饰分为有模特拍摄和无模特拍摄两类。无模特拍摄对服饰的摆放,以及背景和拍照技巧要求较高,包括平铺拍摄和挂拍两种方式。而有模特拍摄则要求动态和全面。

(1)平铺拍摄方式。

① 平铺拍摄的布光示意图如图 2-2-17 所示。

② 选择背景板。根据服饰的材质及展示的效果选择背景板,包括纯白色背景板、木质背景板及布艺背景板等,在实际拍摄中多数会选择纯白色背景板,因为白色更能吸引眼球,并且不争夺服饰的视线。拍摄效果如图 2-2-18、图 2-2-19 所示。

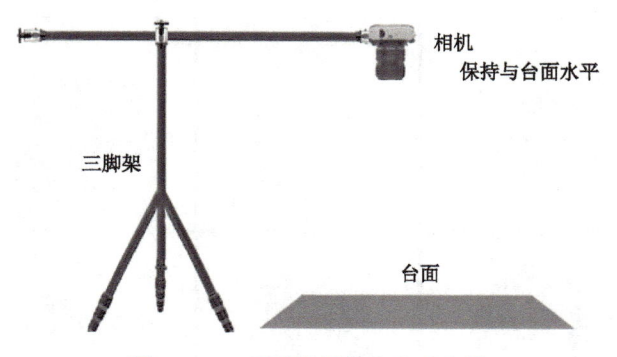

图 2-2-17　平铺拍摄的布光示意图

图 2-2-18　选择背景板的拍摄效果一

在选择背景板后,需要对服饰进行整理,平整干净的服饰更能凸显其质感。在对服饰的领子、袖子及所需摆拍的侧边等进行展示时,需要对服饰进行叠加和搭配。

③ 摆拍方式。如果是一版多件的服饰,则可以放在一起,颜色自然交替能够让人有赏心悦目的感觉。拍摄效果如图 2-2-20 所示。

图 2-2-19　选择背景板的拍摄效果二

图 2-2-20　摆拍方式的拍摄效果

(2)挂拍方式。

服饰拍摄既可以摆着拍、放着拍,也可以挂着拍。把服饰挂在衣架上,拍摄时通过不同的灯光照射来体现服饰的质感和立体感。这种拍摄方式适合上衣类服饰。拍摄效果如图 2-2-21 所示。

图 2-2-21　挂拍方式的拍摄效果

无论平铺拍摄还是挂拍，都要拍摄服装的细节，细节图可给人以安全感，从而吸引买家购买。细节拍摄效果如图 2-2-22 所示。

图 2-2-22　细节拍摄效果

（3）有模特拍摄方式。

有模特拍摄一定要选择和拍摄服饰搭配的人物来拍摄，人物的妆容、背景的选取都需要切合服饰，这种拍摄方式对拍照的准备工作要求较高。有模特拍摄效果如图 2-2-23 所示。

图 2-2-23　有模特拍摄效果

步骤2. 请同学们通过上述学习，以 4 个人为一个小组，自由选择一种服饰分别采用平铺、挂拍、有模特拍摄这 3 种方式进行拍摄，要求每种拍摄方式拍摄不少于 10 张照片。

知识加油站

拍摄注意事项

1. 保持相机稳定

初学者常会遇到拍摄出来的照片模糊的问题，这是由相机晃动造成的，所以在拍摄中要避免相机晃动。可以双手握住相机，将肘抵住胸膛，或者将身体倚靠一个稳定的物体。并且要放松，整个人不要太紧张。感觉自己就像一个射手手持一把枪，必须稳定地射击。

2. 让太阳在身后

摄影缺少了光线就不能称为摄影，它是光与影的完美结合，所以在拍摄时需要有足够的光线照射在拍摄物上。最好的也是最简单的方法就是使太阳处于拍摄者的背后并有一定的偏移，前面的光线可以照亮拍摄物，使它的色彩和阴影变亮，轻微的角度可以产生一些阴影以凸显拍摄物的质地。

3. 缩小拍摄距离

只需要简单地离拍摄物近一些，就可以得到比远距离拍摄更好的效果。不一定非要把整个物体全部拍摄下来，对拍摄物的某个具有特色的地方进行夸大拍摄，反而会创造出具有强烈视觉冲击力的照片。

4. 拍摄样式的选定

相机不同的举握方式，拍摄出来的照片的效果会不同。最简单地举握方式有竖举和横举两种。竖举拍摄的照片可以凸显拍摄物的高度，横举拍摄的照片可以凸显拍摄物的宽度。

5. 变换拍摄风格

同一拍摄者拍摄不同的拍摄物，它们可能都是一种风格，看多了就会给人一成不变的感觉。所以，应该在拍摄中不断地尝试新的拍摄方法，例如，可以分别拍摄拍摄物的全景、特写或单个、多个镜头等。

6. 增加景深

每个卖家都不希望自己的宝贝看起来没有立体感。所以在拍摄中，要适当增加一些用于显示相对性的参照物。最好通过对比，可以显示出宝贝的大小（在拍摄毛绒玩具时用矿泉水瓶做参照，这样宝贝的大小就一目了然了）。

7. 正确的构图

摄影上比较常见的构图是三点规则，即画面被分为 3 部分，将拍摄物置于线上或交汇处。总是将宝贝置于中间会让人觉得厌烦，可以用三点规则来拍摄，让买家在逛小店时，感觉是在欣赏摄影作品。

3.【说一说】拍摄服饰的心得体会

步骤1. 以小组为单位，讨论拍摄好的照片，不同拍摄方式各选出 3 张拍摄效果最佳的照片。

步骤2. 小组派代表展示照片并介绍拍摄中遇到的问题。

项目总结

商品拍摄是电子商务系列工作中不可忽视的一项。既需要了解拍摄的设备、辅助器材，掌握拍摄的技巧，又需要掌握不同材质商品的光源选用及布置，以做到熟练应用相机拍摄各类商品，完成淘宝的拍摄工作。

项目检测

一、判断题（正确的画"√"，错误的画"×"）

（1）像素的大小决定图片的清晰度。像素越高，图片越清晰。（   ）
（2）镜头是数码相机核心。（   ）
（3）吸光物体最大的特点是对光线具有强烈的反射作用（   ）
（4）熟练选用合适的辅助器材，能够提高拍摄质量和工作效率。（   ）

二、多项选择题（每题有一个或一个以上正确答案，请将正确答案填写在括号中）

（1）常见的数码相机有（   ）。
　　A．单反相机　　　B．卡片相机　　　C．微单相机
（2）下列镜头类型中，属于按镜头用途分类的是（   ）。
　　A．广角镜头　　　B．微距镜头　　　C．APS全画幅　　　D．鱼眼镜头
（3）下列属于主流数码相机品牌的是（   ）。
　　A．佳能　　　　　B．索尼　　　　　C．尼康　　　　　　D．苹果

三、合作实训

（1）**实训名称**：搭建简易的小商品摄影棚
（2）**实训目的**：让同学们掌握搭建简易摄影棚的方法，熟练应用生活中的小物品构建拍摄环境。
（3）**实训要求**：以4个人一小个组，完成简易摄影棚的搭建。
步骤1．任命一名活动小组长，明确组员分工，规划搭建简易摄影棚所需物料。
步骤2．分工合作，1名成员负责准备纸皮箱，1名成员负责准备背景纸，1名成员负责准备日光灯，1名成员负责准备美工刀等物料。
步骤3．参照项目中的操作步骤，小组协作完成简易摄影棚的搭建。
步骤4．小组内对作品进行细节调整。
步骤5．实训小结

项目三

商品图片处理

项目简介

本项目将讲解如何对商品图片进行裁剪、修补、合成、水印添加等,以及如何管理图片空间。通过对本项目的学习,同学们应该掌握准备商品图片、优化商品图片及管理店铺图片空间等知识,而且能够完成对商品图片进行裁剪、修补和合成等实际操作。

项目目标

- 了解店铺图片的尺寸,掌握图片的裁剪方法。
- 能够运用软件对商品图片进行修饰和美化。
- 能够使用 Photoshop 软件设计商品细节。
- 熟练掌握店铺的图片空间管理功能。

项目任务

任务1　美化商品图片
任务2　管理图片空间

任务 1　美化商品图片

任务介绍

在本任务中,李勇和同小组的王丽、张军、钟珊将整理商品图片,并在网上收集背景素材,为美化店铺的商品图片做好准备。通过"活动 16　裁剪、调整图片"的学习,帮助同学们掌握图片的修剪及了解店铺相关图片的尺寸;通过"活动 17　修补图片污点""活动 18　调整图片的曝光度、亮度和色差""活动 19　更换图片背景"的学习,帮助同学们掌握美化图片的技巧,使图片或素材更适合商品的展示和细节的体现;通过"活动 20　批量添加图片水印"的学习,帮助同学们掌握如何快速为图片添加水印、版权信息和店铺信息。

活动 16　裁剪、调整图片

活动描述

资深设计总监何总介绍了各个平台店铺中图片的尺寸要求及如何收集设计所需的素材,请根据店铺中不同位置图片的格式要求,裁剪、调整图片。

活动实施

1.【搜一搜】在网上搜索相关图片素材

步骤 1. 分组,4 个人为一个小组,以小组为单位进行讨论。
步骤 2. 讨论并收集淘宝店铺装修图片尺寸及用 Photoshop 裁剪、调整图片的方法,以"女装夏裙""男装 T 恤"等为关键词进行搜索,收集相关图片素材。
步骤 3. 小组对收集的素材进行归类并筛选,对收集的图片裁剪、调整方法进行汇总。
步骤 4. 小组派代表发言。

2.【做一做】裁剪、调整图片素材

步骤 1. 打开 Photoshop,按【Ctrl+O】组合键打开素材图片 1,如图 3-1-1 所示。
步骤 2. 单击"缩放工具"属性栏中的"适合屏幕"按钮,如图 3-1-2 所示。
步骤 3. 选择"裁剪工具"选项,设置"裁剪工具"属性栏的比例为"不受约束",视图为"黄金比例",如图 3-1-3 所示。
步骤 4. 在图片上单击并拖动鼠标,拖出裁剪区域,如图 3-1-4 所示。裁剪区域可通过拖动裁剪框的边框进行调整,按【Enter】键完成裁剪操作,效果如图 3-1-5 所示。

商品图片处理 项目三

图 3-1-1　素材图片 1

图 3-1-2　"缩放工具"属性栏

图 3-1-3　"裁剪工具"属性栏

图 3-1-4　设置裁剪区域

图 3-1-5　裁剪完成后的效果

065

步骤 5. 按【Ctrl+O】组合键打开素材图片 2，如图 3-1-6 所示。

图 3-1-6　素材图片 2

步骤 6. 将图片调整到"适合屏幕"模式后，选择"裁剪工具"选项，对图片进行裁剪，以使图片主体更突出。设置"裁剪工具"属性栏的比例为"不受约束"，视图为"黄金比例"，并单击"拉直"按钮，如图 3-1-7 所示。

图 3-1-7　单击"拉直"按钮

步骤 7. 在裁剪区域沿着图片中商品的底部拉出一条直线，如图 3-1-8 所示，调整图片中商品的摆放方向，完成后如图 3-1-9 所示。

图 3-1-8　拉出一条直线

图 3-1-9　完成"拉直"操作后的效果图

步骤 8. 修补背景中的黑色部分，使背景统一。选择"矩形选择工具"，并分别选择黑色背景部分，如图 3-1-10 所示。

步骤 9. 选择"编辑"菜单中的"填充"选项，打开"填充"对话框，在"填充"对话框的"内容"选区的"使用"下拉列表中选择"内容识别"选项，如图 3-1-11 所示。完成后的实例效果如图 3-1-12 所示。

图 3-1-10　修补背景中的黑色部分

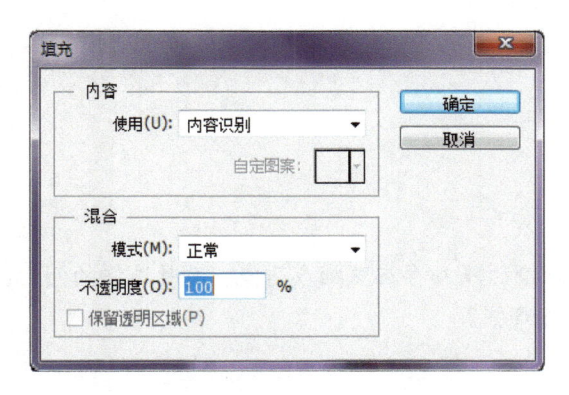

图 3-1-11　"填充"设置参数

图 3-1-12　完成后的实例效果

步骤 10. 小组派代表展示。

知识加油站

裁剪、调整图片使用的工具及须注意的问题

1. 裁剪工具：裁剪掉多余的图像，并重新定义画布的大小。
2. 裁剪：裁剪掉选区外的图像。
3. 透视裁剪工具：将图像中的某个区域裁剪下来作为纹理供校正某个偏斜的区域使用。
4. 校正图片时，应该注意以下 3 点。
（1）保持图片的清晰度，不要将图片拉伸或扭曲。
（2）商品图片居中，大小合适，不能为了突出细节而造成主体过大。
（3）商品图片背景不能太乱，要与主体相配合。

3.【说一说】裁剪图片的方法

步骤 1. 以小组为单位，运用不同的方法对图片进行裁剪并分析各种方法的优缺点。
步骤 2. 小组讨论店铺中图片的尺寸。不同位置图片的尺寸要求如表 3-1-1 所示。

表 3-1-1　不同位置图片的尺寸要求

位　　置	尺 寸 要 求
店标	文件格式为 GIF、JPEG、PNG，文件大小在 80K 以内，建议尺寸为 80 像素×80 像素
店招	宽度为 950 像素，高度不超过 120 像素
全屏通栏广告	宽度为 1920 像素，高度可根据商品的高度进行设置，建议为 500～600 像素
标准通栏广告	宽度为 950 像素，高度可根据商品的高度进行设置，建议为 500～600 像素
轮播图	不同区域的轮播图高度必须为 100～600 像素，宽度可以为 1920 像素、950 像素、700 像素和 190 像素
自定义内容区	如果分为左右两个部分，则宽度为 190 像素和 750 像素两种，高度可根据广告内容自行设置
宝贝图片	必须是 1:1 的正方形，正方形的边长为 300～800 像素
宝贝详情页	宽度为 750 像素，高度可以根据内容自行设置

步骤 3. 小组派代表分享小组观点。

活动 17　修补图片污点

活动描述

在使用图片时，发现收集的素材图片或拍摄的照片存在瑕疵或污点，面对这样的问题，用什么办法解决呢？常规且简单的修补工具有哪些？

活动实施

1.【搜一搜】在网上搜索相关图片素材

步骤 1. 分组，4 个人为一个小组，以小组为单位进行讨论。

步骤 2. 讨论并收集存在瑕疵、污点及需要调整的素材图片，针对这些图片提出相应的解决办法。同学们可以通过网络学习修补图片污点的办法，以"污点修复画笔工具""修复画笔工具""衣服类污点""旧照片污点"等为关键词进行搜索。

步骤 3. 修补不同图片污点用到的工具和办法也不一样，对收集的修补图片污点的方法进行归类，并分析各种修补工具的用法。

步骤 4. 小组派代表发言。

2.【做一做】修补图片素材

步骤 1. 打开 Photoshop，按【Ctrl+O】组合键打开素材图片 3，如图 3-1-13 所示，本活动将去除素材图片中的"淘趣玩家"水印。

步骤 2. 用"多边形套索工具"选择图片中杯体外的红色字体部分，如图 3-1-14 所示。设置羽化像素为 1 像素，填充为白色。填充后的图片如图 3-1-15 所示。

步骤 3. 用"修补工具"去除图片中红色字体。用"选区工具"选择绘制选区，选择红色"家"字，如图 3-1-16 所示。选择"修补工具"修补选区中的内容，如图 3-1-17 所示。

图 3-1-13　素材图片 3

图 3-1-14　选择杯体外的红色字体部分

图 3-1-15　填充白色后的图片

图 3-1-16　选择"家"字

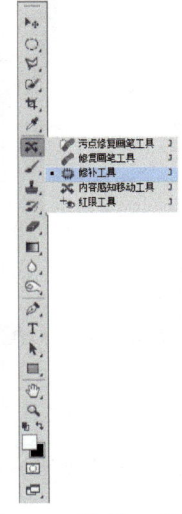

图 3-1-17　修补工具

步骤4. 用"修补工具"修补选区中的内容,"修补工具"的参数设置如图3-1-18所示。修补的过程就是通过移动选区中的显示内容,用图片中的其他相似背景修补选区内容,如图3-1-19所示。修补后的效果如图3-1-20所示。

图3-1-18 "修补工具"的参数设置

图3-1-19 运用"修补工具"修补选区内容

图3-1-20 修补后的效果

步骤5. 重复步骤3和步骤4修补红色"淘"字区域。在修补过程中注意,在修补比较复杂的图形内容时,选区绘制范围不能太大。运用"修补工具"修补后的效果如图3-1-21所示。

图3-1-21 运用"修补工具"修补后的效果

步骤6. 重复步骤3和步骤4,对剩余需要修补的区域进行修补,如图3-1-22所示。修补后的效果如图3-1-23所示。

图 3-1-22　运用"修补工具"修补选区内容　　　　图 3-1-23　修补后的效果图

步骤 7. 打开素材图片 4，如图 3-1-24 所示。选择图片中衣服的皱褶部分，如图 3-1-25 所示。

图 3-1-24　素材图片 4　　　　图 3-1-25　选择修补区域

步骤 8. 选择"污点修复画笔工具"，如图 3-1-26 所示。修补图片中衣服的皱褶部分，修补后的效果如图 3-1-27 所示。

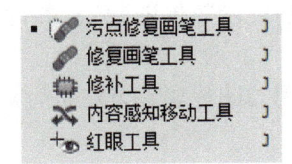

图 3-1-26　污点修复画笔工具　　　　图 3-1-27　修补后的效果

> **知识加油站**
>
> **修补污点图片的工具**
>
> 1. 污点修复画笔工具。消除图片中的污点和某个对象,切忌用较大的画笔一次性消除污点,最好是小范围地逐一消除污点。
> 2. 仿制图章工具。将图片的一部分绘制到图片的另一个位置。
> 3. 修复画笔工具。校正图片的瑕疵,它与"仿制图章工具"类似。但"修复画笔工具"还可以将样本图像的纹理、光照透明和阴影与所修复的图像进行匹配,从而使修复后的图像不留痕迹地融入图片的其他部分。
> 4. 修补工具。用样本或图案修复所选择图片区域中不理想的部分。"修补工具"包括"正常"和"内容识别"两种方式。
> 5. "修复画笔工具"和"修补工具"都适用于图片中的污点修复,前者是对由点构成的图像进行修复,而后者是对范围较大的污点进行修复。

3.【说一说】修补图片污点的方法

步骤 1. 以小组为单位,对污点修补工具的选择及运用进行分析和总结,并思考修补复杂的背景图是否还有其他方法。

步骤 2. 小组讨论,选择一幅有代表性的污点图片进行修补,把分析和总结的方法运用到图片污点修补中。

步骤 3. 小组派代表分享观点。

活动 18　调整图片的曝光度、亮度和色差

活动描述

前面介绍了修补图片污点的工具,接下来将介绍如何通过调整图片的曝光度、亮度和色差让图片变得更美,如何通过对拍得不好或曝光不足的商品照片进行后期加工,更好地展示出商品的特性和细节。

活动实施

1.【搜一搜】在网上搜索相关图片素材

步骤 1. 分组,4 个人为一个小组,以小组为单位进行讨论。

步骤 2. 收集并观摩热门电商网站或商城中商品图片的展示效果图,分析并讨论这些效果图的优点。

步骤 3. 小组对收集的素材进行归类并筛选,并对找到的图片调整方法进行汇总。

步骤 4. 小组派代表发言。

2.【做一做】使用装修模板

步骤 1. 打开 Photoshop，按【Ctrl+O】组合键打开素材图片 5，如图 3-1-28 所示。素材图片的整体色调偏暗，可以通过调整素材图片的整体亮度，使素材图片变得自然美观。

图 3-1-28　素材图片 5

步骤 2. 在"窗口"菜单中打开"调整"工具面板调整图片的亮度，如图 3-1-29 所示。或者单击"图层"工具面板中的"创建新的填充或是调整图层"按钮，调整图片的整体亮度。"图层"工具面板如图 3-1-30 所示。

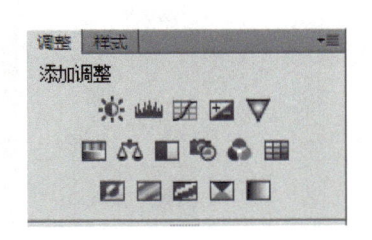

图 3-1-29　"调整"工具面板　　　　图 3-1-30　"图层"工具面板

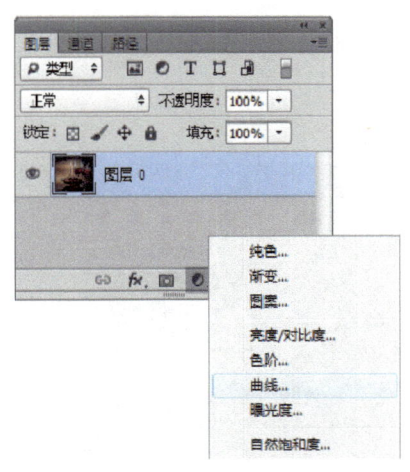

步骤 3. 单击"图层"工具面板中的"创建新的填充或是调整图层"按钮，选择"曲线"选项，弹出曲线"属性"面板，如图 3-1-31 所示。将曲线"属性"面板中的"预设"设置为"较亮"。调整"曲线"后的效果如图 3-1-32 所示。

图 3-1-31　曲线"属性"面板

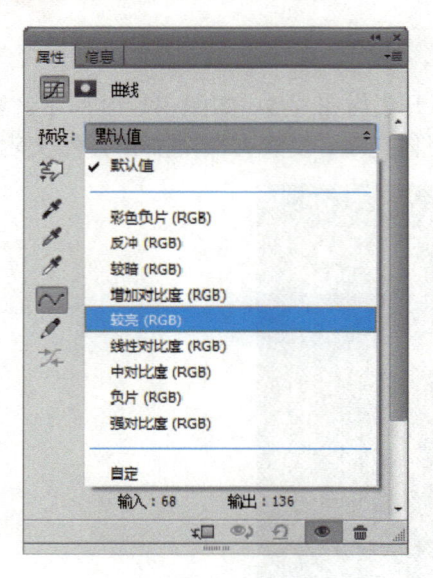

图 3-1-32　调整"曲线"后的效果

步骤 4. 添加的"曲线"参数设置显示在图层上方，双击（双击鼠标左键）"曲线 1"图层修改曲线的参数设置。完成"曲线"设置后的"图层"工具面板如图 3-1-33 所示。

步骤 5. 按【Ctrl+O】组合键打开素材图片 6，如图 3-1-34 所示。素材图片整体色调偏暗，红酒颜色的饱和度不够，可以通过调整素材图片的亮度和饱和度，使素材图片自然美观。

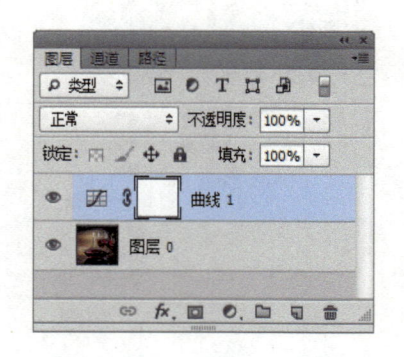

图 3-1-33　完成"曲线"设置后的"图层"工具面板

图 3-1-34　素材图片 6

步骤 6. 单击"图层"工具面板中的"创建新的填充或是调整图层"按钮，选择"色相/饱和度"选项，弹出色相/饱和度"属性"面板，如图 3-1-35 所示。在色相/饱和度"属性"面板中设置参数。打开曲线"属性"面板，设置"曲线"的参数，如图 3-1-36 和图 3-1-37 所示。调整后的效果如图 3-1-38 所示。

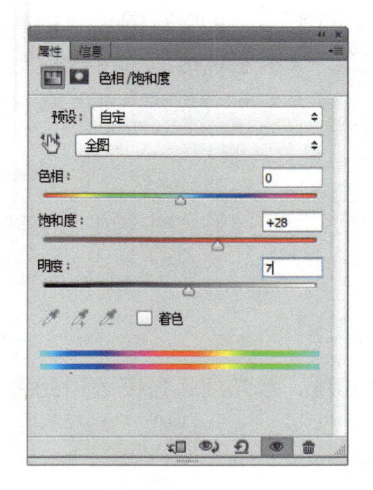

图 3-1-35　色相/饱和度"属性"面板　　　　图 3-1-36　"曲线"的参数

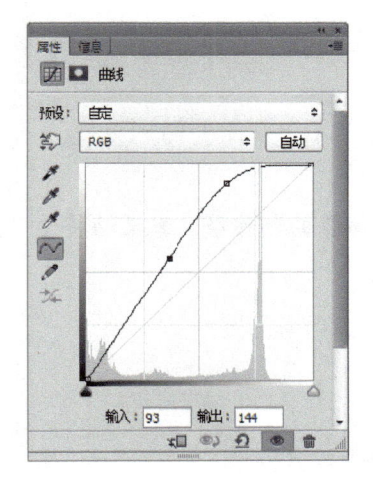

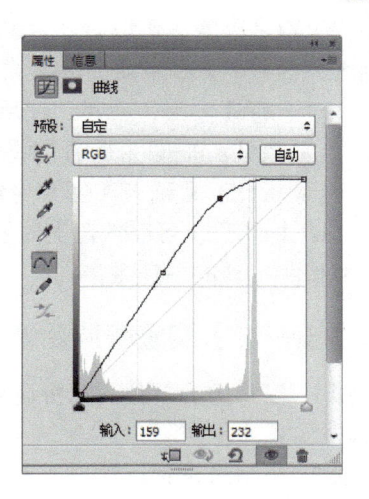

图 3-1-37　"曲线"的参数　　　　图 3-1-38　调整后的效果

步骤 7. 小组派代表展示。

知识加油站

常用的调整工具

1. 曲线。可以调整数码照片中指定色调的范围，使用该命令调整后的照片整体不会变亮或变暗。该命令不仅可以快速调整照片整体或单个通道的对比度，还可以调整照片中任意指定位置的亮度、对比度，其具备"亮度/对比度""阈值"和"色阶"等命令的功能。"色阶"和"曲线"是调整颜色和色调的命令。

2. 色彩平衡。主要用于调整各通道颜色的比重，以使整个画面达到平衡与和谐，在处理照片时，它可以阶段性地对照片的阴影、亮光及中间调进行调整。

3. 色相/饱和度。既可以调整整个图片或选区中图片的色相、饱和度和明度，也可以调整单个通道的色相、饱和度及明度。该命令主要用来调整色彩。

4. 亮度/对比度。可以对图片的色调范围进行简单的调整，它与对图片中像素应用比例调整的"曲线"和"色阶"有所不同，"亮度/对比度"命令会对每个像素进行相同程度的调整，对于高端输出，不建议使用"亮度/对比度"命令，它可导致图片细节丢失。

5. 自动色调。根据图片的色调自动进行调整。

6. 色调均化。重新分布图片中像素的亮度值。

7. 自然饱和度。可以快速调整图片的饱和度，在增加饱和度的同时有效地控制由于颜色过于饱和而出现的溢色现象。

3.【说一说】调整图片色调、饱和度用到的工具

步骤1. 以小组为单位，分析调整图片的色调、饱和度、曝光度、亮度等用到菜单中哪些工具。

步骤2. 小组讨论使用这些工具过程中需要注意什么。

步骤3. 各小组派代表分享小组观点。

活动19　更换图片背景

活动描述

有时需要对素材进行后期加工，如图片的合并、海报的制作等，本活动将学习更换图片背景。

活动实施

1.【搜一搜】在网上搜索相关图片素材

步骤1. 分组，4个人为一个小组，以小组为单位进行讨论。

步骤2. 在网上下载一些典型的图片。

步骤3. 小组对收集的素材进行归类并筛选，并搜索更换图片背景的方法，通过更换图片背景，对图片进行合成。

步骤4. 小组派代表发言。

2.【做一做】更换图片背景

步骤1. 打开Photoshop，按【Ctrl+O】组合键打开素材图片7，如图3-1-39所示。

步骤2. 使用"快速选取工具"选择素材图片7的白色背景，并执行反选操作，复制选区内容。运用"快速选取工具"选择素材图片中的书包，如图3-1-40所示。

步骤3. 按【Ctrl+O】组合键打开素材图片8，把书包图片粘贴到素材图片8中，设置书包图片为图层1，如图3-1-41所示。

步骤4. 对图层1执行自由变换，调整图片的大小，旋转图片角度，并对图片进行水平翻转，调整后的图片放置在背景图片的左侧。调整完成后的效果如图3-1-42所示。

商品图片处理 项目三

图 3-1-39　素材图片 7　　　　　　图 3-1-40　运用"快速选取工具"选择素材图片中的书包

图 3-1-41　把书包图片粘贴到素材图片 8 中

图 3-1-42　调整完成后的效果

077

步骤 5. 复制图层 1，得到图层 1 副本，按照步骤 4 的操作方法，调整图层 1 副本内容的大小和方向。最终效果如图 3-1-43 所示。

图 3-1-43　最终效果

步骤 6. 小组派代表进行展示。

知识加油站

更换图片背景需注意的问题

1. 选对背景的风格，整体的调性要一致。
2. 正确处理图片中的商品图片透视关系。透视的要点是近大远小，近处的对比度比远处的高，近处的清晰，远处的模糊，远近物体的比例要正确。如果图片的透视关系没有考虑好，则会影响整体图片的格局。
3. 更换背景前，需要考虑商品与背景的融合，需要对商品本身进行处理，如果要突出商品本身的特点，则需要对商品进行精修。
4. 更换背景时，需要考虑环境光，注意光影的协调性。如果没有考虑这些因素，则只能称为拼图。

3.【说一说】更换图片背景用到哪些工具

步骤 1. 以小组为单位，分析更换图片背景用到哪些工具。
步骤 2. 小组讨论在更换图片背景时需要注意哪些细节。
步骤 3. 小组派代表分享小组观点。

活动 20　批量添加图片水印

活动描述

为防止上传到网站的图片被盗用，学会给图片添加水印非常重要。

商品图片处理 项目三

活动实施

1.【搜一搜】在网上搜索有水印的图片

步骤1. 分组,4个人为一个小组,以小组为单位进行讨论。
步骤2. 讨论并收集已添加水印的图片,分析添加水印的图片效果图有哪几种。
步骤3. 小组对收集的素材进行归类并筛选。
步骤4. 小组派代表发言。

2.【做一做】批量添加图片水印

步骤1. 打开Photoshop,按【Alt+F9】组合键打开"动作"面板,如图3-1-44所示。

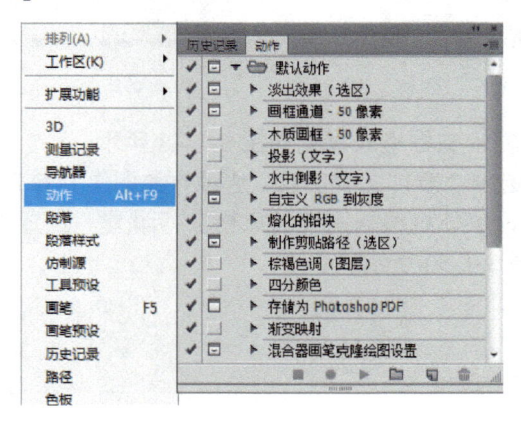

图3-1-44 "动作"面板

步骤2. 单击"动作"面板中的"创建组"按钮,创建一个"添加水印"动作组,如图3-1-45所示。

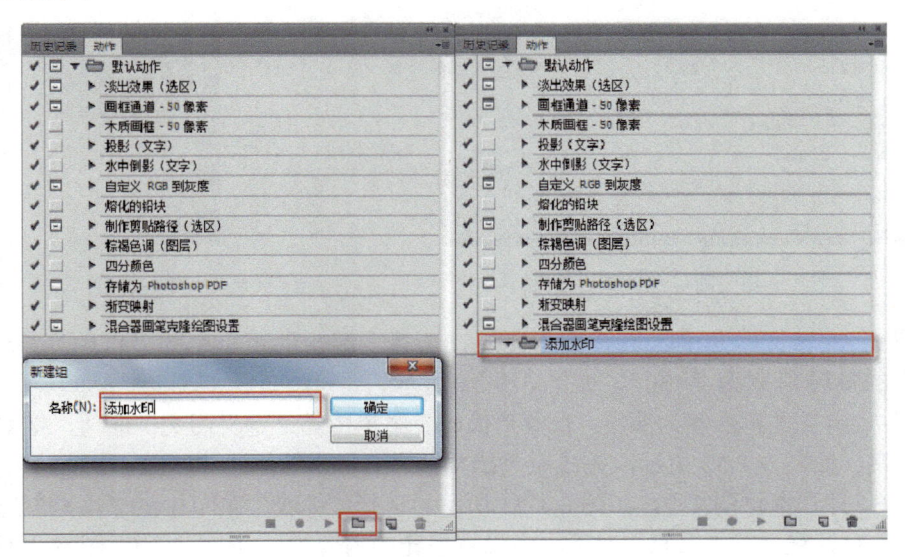

图3-1-45 创建一个"添加水印"动作组

步骤3．单击"动作"面板中的"新建动作"按钮，如图3-1-46所示，弹出"新建动作"对话框，如图3-1-47所示，创建一个"添加水印操作"动作。

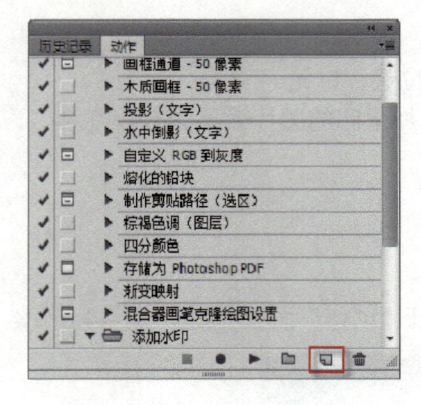

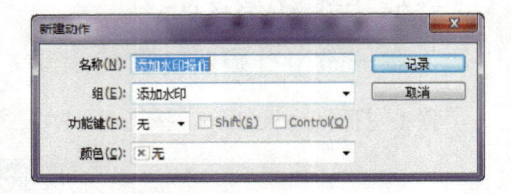

图 3-1-46　"新建动作"按钮　　　　　　图 3-1-47　"新建动作"对话框

步骤4．新建一个文档，文档格式设置如图3-1-48所示。

步骤5．添加文字。选择"横排文字工具"选项，如图3-1-49所示。在打开的素材图片中输入文字"淘趣玩家"，字体可根据图片的风格自行设置，设置字号为30点，将文字内容放置在画布中间，如图3-1-50所示。

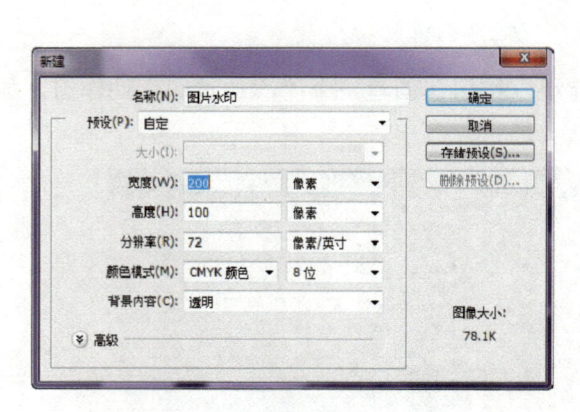

图 3-1-48　新建一个文档　　　　　　图 3-1-49　"横排文字工具"选项

步骤6．旋转文本角度。选择文本图层，选择"编辑"菜单中的"自由变换"选项，设置文本的旋转角度为"-30"，如图3-1-51所示。

步骤7．定义文本内容为图案。选择"编辑"菜单中的"定义图案"选项，将文本内容定义为图案，如图3-1-52所示，完成后关闭文档。

步骤8．打开素材图片9，如图3-1-53所示。选择"编辑"菜单中的"填充"选项，弹出"填充"对话框，在"填充"对话框中设置填充的内容为"图片水印"图案，不透明度为"10"，如图3-1-54所示。添加水印后的效果如图3-1-55所示。调整不透明度的参数值即可调整水印的显示效果，参数值越大，水印效果越明显。

商品图片处理 项目三

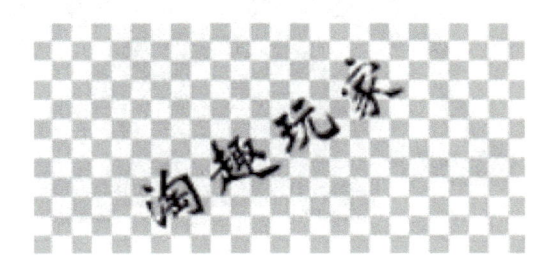

图 3-1-50 输入文字"淘趣玩家"

图 3-1-51 旋转文本

图 3-1-52 定义文本内容为图案

图 3-1-53 素材图片 9

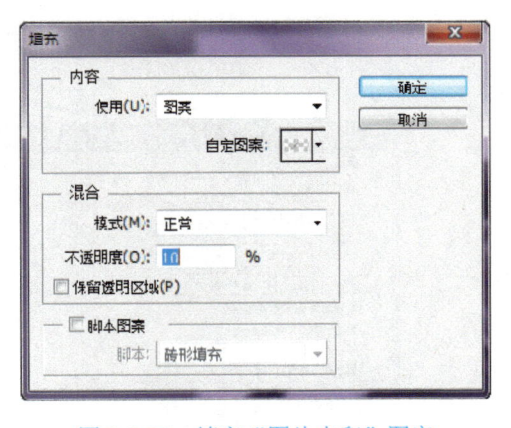

图 3-1-54 填充"图片水印"图案

步骤 9. 保存图片。选择"文件"菜单中的"另存为"选项，保存图片。从"动作"面板中可以看到前面的所有操作已被记录下来，单击"动作"面板下方的黑色方框按钮，结束动作的录制，完成添加水印操作，如图 3-1-56 所示。

步骤 10. 对图片进行批量添加水印操作。选择"文件"菜单→"自动"选项→"批处理"选项，如图 3-1-57 所示。弹出"批处理"对话框，如图 3-1-58 所示。

步骤 11. 设置"批处理"对话框。

081

图 3-1-55　添加水印后的效果图 　　　　　　　图 3-1-56　单击黑色方框按钮停止录制

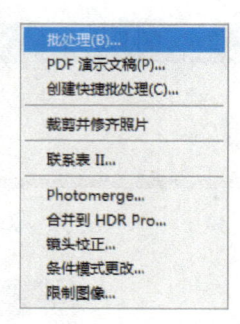

图 3-1-57　"批处理"选项

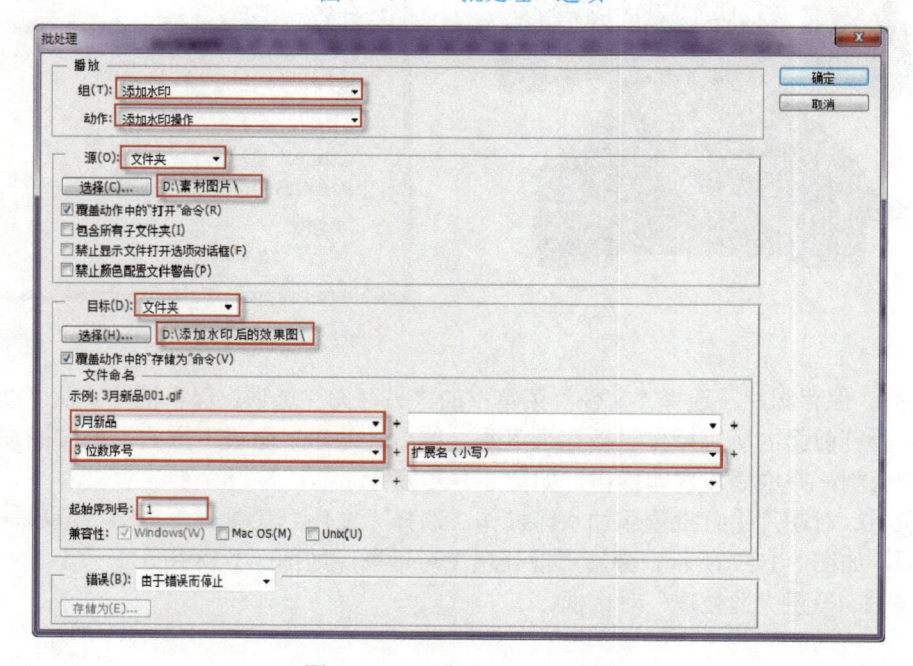

图 3-1-58　"批处理"对话框

步骤12. 完成"批处理"对话框设置后,单击"确定"按钮,Photoshop CS6 就会自动给源文件夹"D:\素材图片\"中的图片添加水印,添加水印后的效果图以"3月新品+序号"的保存格式保存在目标文件夹"D:\添加水印后的效果图"中。批处理后的效果如图 3-1-59 所示。

图 3-1-59　批处理后的效果图

> 知识加油站

批量添加图片水印需注意的问题

1. 图片水印有两种,一种是在图片上打上半透明的文字、网址或 Logo 等来保护图片的版权或说明图片的出处;另一种是利用 Digimarc 添加水印,这种水印人眼不可见,但加在图片上后就会一直存于图片中,即使截屏或打印出来,再扫描到电脑里,也会一直存在,在保护图片版权上有着很好的作用,这种水印一般用于摄影作品中。

2. 图片的尺寸不统一会影响批量添加图片水印的效果。在批量添加水印前,需将素材图片设置为统一的尺寸。

3.【说一说】批量添加图片水印有哪些操作方法

步骤1. 以小组为单位,找出添加图片水印的案例,分析其优缺点。
步骤2. 小组讨论添加不同效果的图片水印的操作方法有什么不同。
步骤3. 小组派代表分享小组观点。

任务 2　管理图片空间

任务介绍

图片空间是淘宝店铺不可或缺的组成部分。在淘宝店铺中,除商品本身的展示图片外,描述图片、店铺装修图片等也需要使用图片空间。因此,稳定、安全的图片空间非常重要。现如今,网上有很多图片空间,但由于网站类型或后台控制的稳定性、安全性无法得到保证,所以淘宝官方提供的图片空间是淘宝店铺的首选。

活动 21　给商品图片命名

🌱 活动描述

为了更高效地管理商品图片，在上传到图片空间之前，需要对商品图片进行系统而规律的命名。

📖 活动实施

1.【搜一搜】如何给商品图片命名

步骤 1. 分组，4 个人为一个小组，以小组为单位进行讨论。

步骤 2. 整理并归类商品图片，并在网上搜一搜相关参考资料，了解知名电商平台或网上商城是如何给商品图片命名的。

步骤 3. 小组对收集的信息进行归类并总结。

步骤 4. 小组派代表发言。

2.【做一做】管理商品图片

步骤 1. 商品图片的命名。可以通过上传的类目对图片进行类命名，如拍摄了不同颜色、不同纹理、不同款式的鞋子，按上传类目给这些图片命名，如图 3-2-1 所示。

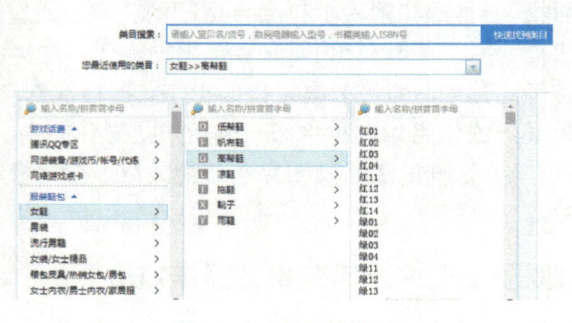

图 3-2-1　上传的类目

步骤 2. 在设计商品的宣传网页时，大致可将宣传网页的内容分为商品宣传、商品细节、商品展示、商品颜色款式这几类，将图片按照以上分类进行命名。根据宣传网页的内容命名的图片如图 3-2-2 所示。

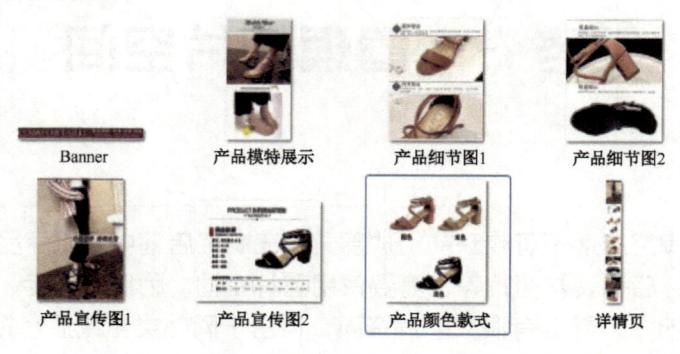

图 3-2-2　根据宣传网页的内容命名的图片

步骤3. 登录淘宝网,单击"卖家中心"按钮,在"卖家中心"界面左侧导航中单击"图片空间"按钮,进入"图片空间"界面,将图片上传到图片空间。

知识加油站

给商品图片命名需注意的事项

1. 给商品图片命名要系统且有规律。
2. 给商品图片命名时要清晰明了,在图片上传到"图片空间"时要注意分类别、文件夹,这样有利于图片空间管理。

3.【说一说】的商品图片命名需注意的事项

步骤1. 以小组为单位,以鞋类产品的商品图片为例,每人为一款鞋类单品的商品图片命名。
步骤2. 小组讨论,每人对完成的任务进行分享,并互评。
步骤3. 小组总结。
步骤4. 小组派代表分享小组观点。

活动22　了解图片空间的管理功能

活动描述

本活动将学习淘宝店铺中图片空间的管理功能。

活动实施

1.【搜一搜】搜索各电商平台图片空间管理的功能介绍

步骤1. 分组,4个人为一个小组,以小组为单位进行讨论。在各电商平台上搜索图片空间管理功能。
步骤2. 小组讨论所收集的管理图片空间功能介绍,分析不同电商平台的管理图片空间功能的优缺点。
步骤3. 小组派代表发言。

2.【学一学】淘宝店铺图片空间的管理功能

步骤1. 进入图片空间。有两种方法进入图片空间,一是在浏览器的地址栏中输入网址,二是单击淘宝店铺卖家的"店铺管理"中的"图片空间"链接,如图 3-2-3 所示。相比其他网站的图片空间,淘宝网的图片空间功能更加全面,替换、引用、搜索、搬家、批量等功能应有尽有。
步骤2. 上传图片。进入淘宝店铺的图片空间,图片空间操作界面默认图片文件夹管理选项,如图 3-2-4 所示。界面左侧列出所有图片文件夹,界面右侧上方有"新建文件夹"按钮、"上传图片"按钮,可以新建一个文件夹,把商品图片上传到这个文件夹中,在发布宝贝时就可以使用这些图片了。

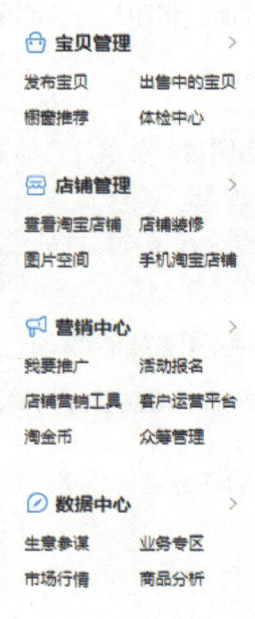

图 3-2-3　单击"图片空间"链接

图 3-2-4　图片空间操作界面

步骤 3. 浏览图片。可以通过图片类型、审核状态、排序、大图模式/列表模式等方式浏览图片，如图 3-2-5、图 3-2-6 所示。

图 3-2-5　浏览图片

图 3-2-6 浏览图片

步骤 4. 复制、移动、删除图片。图片空间中提供对图片的"替换""移动""删除""一键删除非引用"等功能。淘宝图片空间的引用关系，即显示图片是否被使用，图片下方显示"引"标记，说明这些图片已被宝贝引用，也就是说，图片链接已被复制到宝贝详情页面或店铺装修中。"一键删除非引用"功能可以将未被引用的图片一键删除，如图 3-2-7 所示。"替换"功能可以对已被引用的图片进行快速替换，如图 3-2-8 所示。

图 3-2-7 "一键删除非引用"功能

图 3-2-8 "替换"功能

步骤 5. 扩展图片空间的容量。淘宝平台为店铺提供 1GB 的免费图片空间容量，如要升级图片空间存储容量则需要购买，如图 3-2-9 所示。

图 3-2-9　购买图片空间存储容量

步骤 6. 图片空间的百宝箱如图 3-2-10 所示。图片空间的百宝箱提供设置水印、网店秀、图片拍摄、系统日志等功能。"设置水印"功能可以添加文字水印和图片水印。图片水印功能可以在所有图片上传时添加自定义的水印，以防图片被盗用，其支持文字水印和图片水印。"添加图片水印"功能如图 3-2-11 所示。

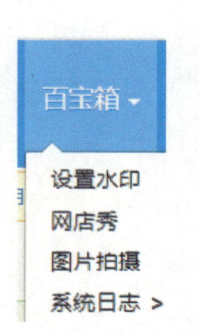

图 3-2-10　图片空间的百宝箱 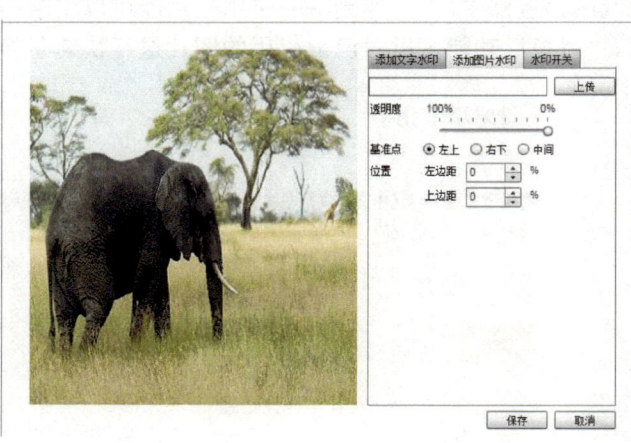　　　　　　　图 3-2-11　"添加图片水印"功能

步骤 7. 图片空间的"图片秀"。运用"图片秀"可以修改或美化图片，为主图添加促销水印，对图片空间进行清理。打开图片空间的百宝箱中的网店秀并授权，选择需要美化的图片，修改或美化后的图片即可直接同步到图片空间，如图 3-2-12 所示。

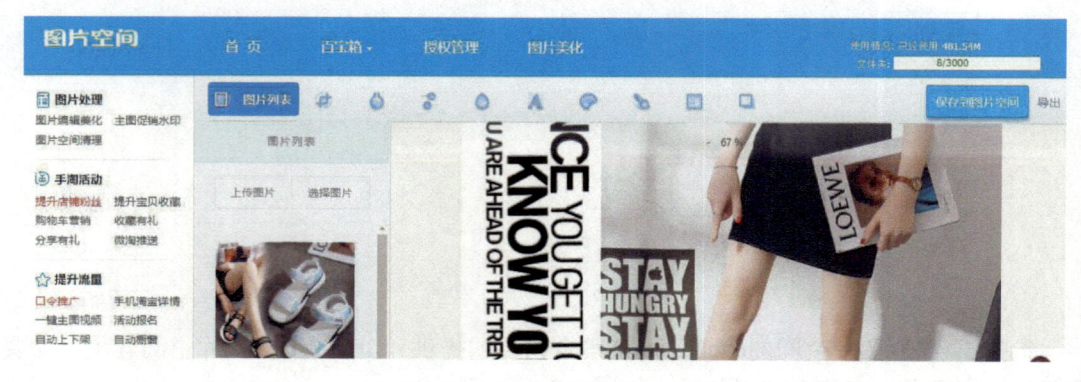

图 3-2-12　运用图片空间的"图片秀"修改或美化图片

步骤 8. 授权管理。图片上传到淘宝图片空间后，可通过图片授权的方式，在同一卖家的多个店铺中使用，如图 3-2-13 所示。在"授权管理"设置页面中的"添加授权的店铺"后的文本框中输入旺旺 ID，并单击"添加"按钮，即完成授权，此时可显示授权店铺及授权时间。

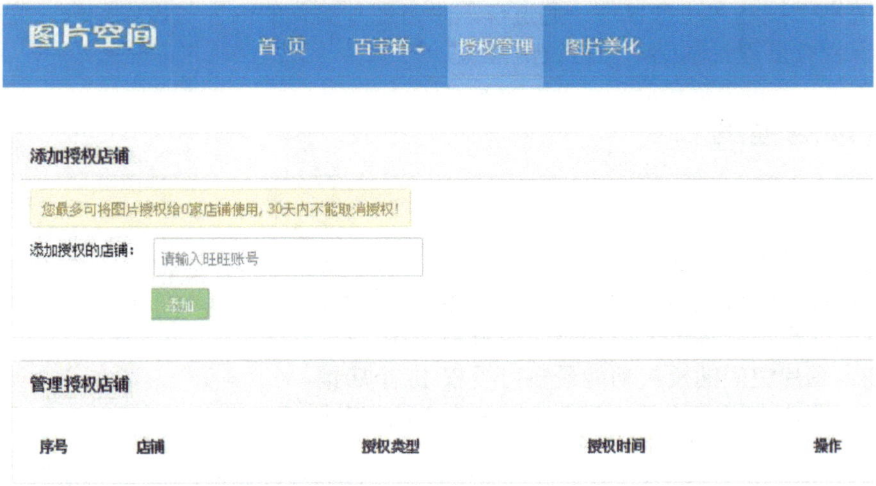

图 3-2-13　授权管理

知识加油站

使用淘宝图片空间时需注意的事项

1. 将图片上传到淘宝图片空间的方式包括通用上传、普通上传、高速上传 3 种。

通用上传。单张图片大于 3MB 可选择强制压缩，支持 JPG、JPEG、PNG、GIF、BMP 格式，一次上传不限张数，按【Ctrl】键可多选文件，按【Ctrl +A】组合键可全选。

高速上传。高速上传每次最多可上传 200 张图片，超过 3MB 的图片会被压缩，支持 JPG、JPEG、PNG、GIF 格式，高速上传只支持 IE 浏览器。

2. 可恢复的回收站功能

淘宝图片空间中被删除的图片，可在回收站保留 7 天，7 天后系统会自动清除图片。回收站中的图片不占空间，可单张或批量还原已删除的图片，合理利用回收站的这个功能可以节省空间。

3. 淘宝图片空间中的授权操作注意事项

卖家最多可将图片授权给 10 个淘宝店铺使用，且 30 天内不能取消授权。

3.【说一说】淘宝图片空间的功能

步骤 1. 以小组为单位，讨论淘宝图片空间的功能。
步骤 2. 小组派代表分享小组观点。

项目总结

图片美化是对图片进行调整和修饰，通过对图片进行修饰和美化，能够更好地展现图片主体内容，让宝贝更直观地展现，从而更吸引买家。通过本项目的学习，同学们掌握了图片美化的操作技能和注意事项，通过深入学习图片美化的内容与操作步骤，为今后学习网店美工课程打下理论基础，做好技能准备。

项目检测

一、判断题（正确的画"√"，错误的画"×"）

1．淘宝店铺的宝贝主图大小为 800 像素×800 像素。（　　）
2．可以通过色阶、曝光度、色彩平衡等调整图片的亮度。（　　）
3．淘宝图片空间提供的免费空间容量是 2GB。（　　）
4．淘宝图片空间的授权功能最多可授权 15 个店铺。（　　）
5．淘宝图片空间上传图片的大小限制在 3MB 以内。（　　）

二、单项选择题（每题只有一个正确答案，请将正确的答案填在题后的括号中）

1．下列不属于图片污点修补工具的是（　　）。
　　A．污点修复画笔工具　　　　B．修复画笔工具
　　C．色相饱和度　　　　　　　D．修补工具
2．下列不属于图片空间管理功能的是（　　）。
　　A．百宝箱　　　B．授权管理　　　C．图片美化　　　D．批量重命名图片
3．下列可以美化图片的软件是（　　）。
　　A．Photoshop　　B．Word　　C．Excel　　D．画图工具

三、合作实训

实训名称：美化母婴用品店铺的商品图片。
实训目的：掌握图片美化。
实训要求：以 4 个人为一个小组，收集母婴用品店铺的商品图片。

步骤 1．推选出一名活动小组长，明确组员分工，以小组为单位确定需要美化的商品图片。
步骤 2．每名成员按要求对商品图片进行美化，并对美化后的商品图片进行互评，比一比谁的商品图片最好。
步骤 3．给美化后的商品图片添加水印。
步骤 4．小组成员把美化后的商品图片上传到图片空间。
步骤 5．实训总结。

项　目	小　结
收集素材及确定任务过程中遇到的困难	
图片美化过程中遇到的困难	

项目四

装饰店铺

项目简介

　　本项目将从店铺装修及商品描述页制作这两方面向同学们介绍店铺设计及商品描述页优化等相关知识。

项目目标

- ➢ 能够确定店铺整体设计风格并设计店招。
- ➢ 能够设计优化店铺的各种模块。
- ➢ 能够运用装修技巧完成店铺装修。
- ➢ 熟练使用软件设计商品描述页。

项目任务

任务1　确定店铺风格与设计店标
任务2　装修美化店铺
任务3　设计商品描述模板
任务4　发布宝贝

任务 1　确定店铺风格与设计店标

任务介绍

李勇和同小组的王丽、张军、钟珊已经掌握了 Photoshop 的应用。在本任务中，他们将在网上收集相关素材，确定店铺风格并设计店标，为接下来的店铺装修做好准备。

活动 23　确定店铺风格

活动描述

本活动将介绍店铺装修前的准备工作。通过网络收集相关设计素材，并针对自身产品及店铺定位确定店铺风格。

活动实施

1.【搜一搜】在网上搜索相关设计素材

步骤 1. 分组，4 个人为一个小组，以小组为单位进行讨论。

步骤 2. 前三组以"简约家具"为关键词搜索，后三组以"灯饰"为关键词搜索。收集简约的科技类背景图片，以及用于点缀的图片元素。

步骤 3. 小组对收集的素材进行归类并筛选。

步骤 4. 小组派代表发言。

2.【做一做】确定店铺风格

步骤 1. 登录淘宝网，输入一个具体商品关键词进行搜索，在搜索结果中单击一个感兴趣的商品，进入其店铺首页。

步骤 2. 浏览该店铺整体模块并进行相应记录及素材收集（包括背景颜色、店招内容、店铺模块展示形式、店铺风格）。

步骤 3. 对收集的素材进行数据分析。分析该商品类目的整体设计风格，如背景颜色、店招的设计风格等，并对这些素材进行筛选。

步骤 4. 对筛选出来的素材进行分类打包，作为店铺装修的素材。

步骤 5. 小组派代表展示素材。

装饰店铺 项目四

> **知识加油站**
>
> **店铺装修要注意的问题**
>
> 　　1. 店铺不宜设计得太花哨。有些店主喜欢在自己的店铺首页加一些艳丽的图片或炫目的 Flash 动画，这只会让买家觉得华而不实，没有安全感。
> 　　2. 根据店铺的主题风格进行装修。例如，卖绿茶的店铺，装修色调应以绿色为主，清爽简约的设计风格给人一种清凉的感觉，这样比较符合网店的主题，买家也会喜欢。
> 　　3. 迎合买家的体验。首先该想到的是，店里的布局是否一目了然，如果买家找了很久也找不到自己想买的商品，店铺又如何能留住潜在客户呢？所以无论是店铺栏目的安排还是推荐商品的设置，每一步装修都要考虑买家的体验。

3.【说一说】店铺装修案例中使用了哪些模块

步骤 1. 以小组为单位，以一个成熟店铺为例，分析其优缺点。
步骤 2. 小组讨论店铺装修所使用的店铺模块及其风格特点。
步骤 3. 小组派代表分享小组观点。

活动 24　设计店标

活动描述

　　店标代表店铺形象，其作用是将店铺的经营理念和服务等要素传达给买家。一个好的店标不但能吸引买家的眼球，更能增加店铺的浏览量。

活动实施

1.【搜一搜】在各大电商平台搜索相关店标

步骤 1. 分组，4 个人为一个小组，以小组为单位进行讨论。
步骤 2. 在各大电商平台（如淘宝网、京东商城等）上搜索相关店标。
步骤 3. 对收集的店标进行归类，讨论这些店标的可借鉴之处。
步骤 4. 小组派代表发言。

2.【做一做】设计店标

步骤 1. 小组讨论确定店标的类型。常见的店标有文字标志、图案标志、组合标志 3 种类型，如图 4-1-1 所示。
　（1）文字标志。主要以文字和拼音字母等构成，适用于多种传播方式。
　（2）图案标志。仅用图形构成标志。这种标志形象生动、色彩明快，不受语言限制，且易于识别。但图案标志没有名称，表意没有文字标志准确。
　（3）组合标志。文字和图案组合而成的标志。这种标志发挥了文字标志和图案标志的优点，图文并茂、形象生动，且易于识别。

图 4-1-1　店标的类型

步骤 2. 提取商品或企业文化的关键字进行构思。

步骤 3. 分析行业、主营业务或商品分类，并搜集可代表该行业形象的相关图案。

步骤 4. 将文字和图案结合完成店标的初步构思，并进行手稿绘制。

步骤 5. 根据手绘稿设计店标。运用 Photoshop、AI 或 Coreldraw 等专业设计软件进行店标设计。店标设计效果如图 4-1-2 所示。

图 4-1-2　店标设计效果图

知识加油站

设计店标的注意事项

1. 整体构思，切合主题

店标既需要凸显店铺的主营业务，也需要强调店名的内涵。

2. 围绕主题选择素材

店标图案既可以通过花、鸟等动植物表现，也可以通过人物表现，但在相对狭小的空间里用人物表现有很大的局限性。

3. 店标色调的搭配

不同的店铺主题不同，所用的色调也有所不同，例如，幸福的主题最好使用暖色调来表现，这样给人的视觉和心灵感受会更好。

白色系。白色具有高级、科技的意象，通常需要和其他颜色搭配使用。纯白色会给人寒冷、严峻的感觉，所以在使用白色时要掺一些其他的色彩，如象牙白、米白、乳白、苹果白等。在店标设计中，白色与暖色（如红色、黄色、橘红色等）搭配可以增加华丽的感觉；白色与冷色（如蓝色、紫色等）搭配可以传达清爽、轻快的感觉。正是由于上述特点，白色常用于明亮、具有洁净感的商品，如结婚用品、卫生用品、女性用品等。

黑色系。黑色具有高贵、稳重、科技的意象，许多科技产品，如电视、摄像机、音响等多采用黑色调。在其他方面，黑色庄严的意象常用于一些特殊场合的空间设计，生活用品和服饰用品设计大多利用黑色来塑造高贵的形象。黑色的色彩搭配适应性非常广，无论什么颜色与黑色搭配都能取得鲜明、华丽、令人赏心悦目的效果。

绿色系。绿色本身给人以健康的感觉，因此常用于与健康相关的店铺。绿色还用于一些公司的公关站点或教育站点。绿色和白色搭配可以得到自然的感觉，绿色和红色搭配可以得到鲜明且丰富的感觉。同时，绿色可以适当缓解眼部疲劳。

蓝色系。高彩度的蓝色会营造出一种整洁、轻快的意象，低彩度的蓝色会给人一种都市化的现代派印象。蓝色和绿色、白色的搭配在现实生活中随处可见。主颜色选择明亮的蓝色，配以白色的背景和灰色的辅助色，可以使店铺干净而简洁，给人庄重、充实的印象。蓝色、青绿色、白色的搭配可以使页面看起来干净、清爽。

红色系。红色是强有力、喜庆的色彩，具有刺激效果，容易使人产生冲动，它是雄壮精神的体现，给人热情、有活力的感觉。一般情况下，红色用于突出主体，因为鲜明的红色极易吸引买家的眼球。高亮度的红色通过与灰色、黑色等色彩搭配使用，可以得到现代且激进的感觉；低亮度的红色可以营造出古典的氛围。

3.【说一说】设计店标的技巧及注意事项

步骤1. 以小组为单位，讨论设计店标的技巧及注意事项。
步骤2. 小组派代表分享小组观点。

任务 2　装修美化店铺

任务介绍

通过设计店标的学习，以及在设计店标前素材的收集，为接下来的店铺装修做好准备。本任务将学习制作店铺首页、店招、广告图及海报图等，最终完成店铺装修。

活动 25　设计店铺布局

活动描述

资深设计总监何总介绍了店铺首页的基本布局方式，同学们针对不同店铺模块进行讨论，从而确定店铺的布局方式。

活动实施

1.【搜一搜】在淘宝网搜索相关店铺的布局方式

步骤1. 分组，4个人为一个小组，以小组为单位进行讨论。
步骤2. 搜集素材，分别以"服饰店铺风格""化妆品店铺风格"为关键字在淘宝网搜索，收集相关店铺的布局方式。
步骤3. 列出常见的布局方式，并讨论具体哪个模块使用哪种布局方式。
步骤4. 小组派代表发言。

2.【做一做】设计店铺页面布局

步骤1. 登录淘宝店铺，选择"卖家中心"选项，如图4-2-1所示。

步骤2. 在左侧的"店铺管理"列表中选择"店铺装修"选项，如图4-2-2所示。

图4-2-1 "卖家中心"选项   图4-2-2 "店铺装修"选项

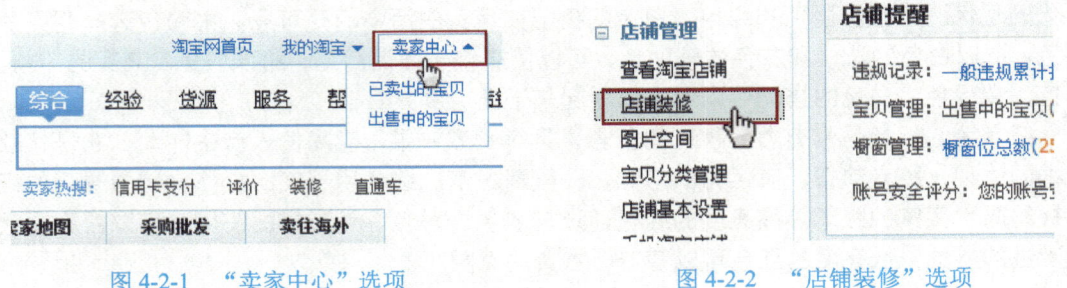

步骤3. 进入店铺装修窗口，选择"装修"→"模板管理"选项，如图4-2-3所示。

图4-2-3 选择"装修"→"模板管理"选项

步骤4. 弹出"模板管理"页面，如图4-2-4所示。

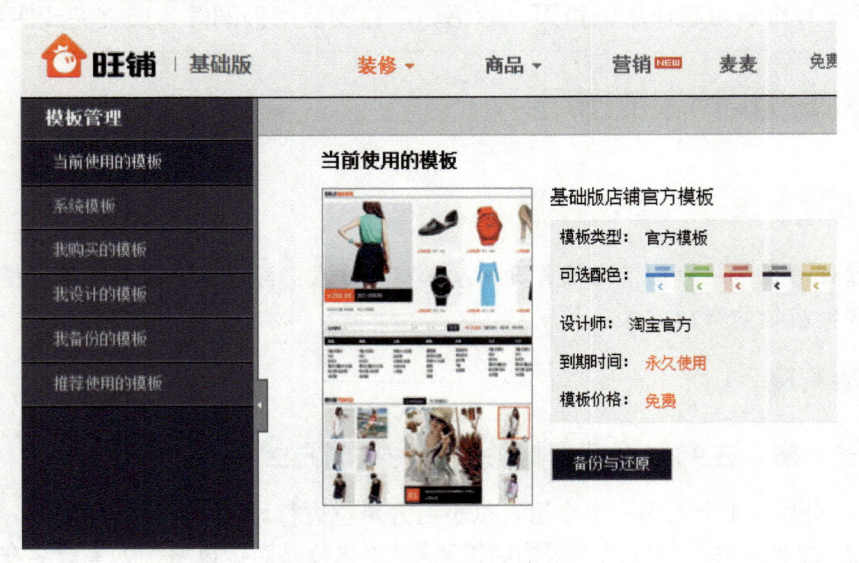

图4-2-4 "模板管理"页面

步骤5. 在"模板管理"页面中单击"我购买的模板"按钮，可以查看自己购买的模板，如图 4-2-5 所示。

图 4-2-5　自己购买的模板

步骤6. 单击模板图片，弹出模板窗口，单击"应用"按钮即可应用模板，如图 4-2-6 所示。

图 4-2-6　应用模板

> **知识加油站**

> **布局形式及首页布局的内容**
>
> 1. 常见的店铺页面布局形式
>
> 　　店铺页面常见的布局形式一般分为通栏布局、双栏布局及三栏布局3种。
>
> 2. 首页布局的内容
>
> 　　首页布局的内容主要有店招、导航、海报、产品展示、公司信息及服务、推荐、活动展示、旺旺在线等。
>
> 　　（1）店招。店招需要向买家传递明确的信息，如店铺商品、店铺品牌、店铺价位等信息，这对买家是否选择进入店铺首页并浏览商品非常关键。在设计店招时，遵循的基本原则是要与首页的设计风格保持统一，这样店铺的整体风格一致，视觉效果好。
>
> 　　（2）导航。店铺导航为方便买家搜索商品而设置。
>
> 　　（3）海报。买家进入店铺，会看到首页的明显位置有一张很大的图片，通常这张图片会在通栏的下方，这张图片就是店铺海报。店铺海报的特点是占用较大面积，图片内容比较丰富，一般用于向买家展示店内活动、店铺新品，或看作品牌展示。
>
> 　　（4）产品展示。产品展示是店铺首页布局不可缺少的内容，其用于将店铺的部分产品按照一定的维度展示给买家，功能与线下实体商店的陈列架一样。
>
> 　　（5）公司信息及服务。公司信息及服务板块是店铺在进行首页布局时最容易忽略的部分。在首页布局时添加公司信息及服务板块可以更好地体现公司实力，同时，可以通过此板块提供一定程度的售前、售后服务说明，以提升客户体验，减轻客服人员的工作强度。
>
> 　　（6）推荐。推荐板块与产品展示板块的功能有一定重复，这个板块主要是为了完善店内其他板块未能展现的优势产品。
>
> 　　（7）旺旺在线。旺旺在线板块通常默认开启。一般情况下，店铺都有旺旺在线板块，并且会保持在线状态。

3.【说一说】设计店铺布局的技巧及注意事项

步骤1. 以小组为单位，讨论设计店铺布局的技巧及注意事项。
步骤2. 小组派代表分享小组观点。

活动26　制作并上传店招

活动描述

在任务1中，资深设计总监何总介绍了店铺首页的基本布局方式及常见店铺模块，本任务将制作一个店招并上传。

活动实施

1.【搜一搜】在淘宝网搜索相关店铺的店招

步骤1. 分组，4个人为一个小组，以小组为单位进行讨论步骤2. 在淘宝网搜集相关店铺的店招，收集店招素材。
步骤3. 根据收集的素材讨论并总结店招包含的信息。
步骤4. 小组派代表发言。

2.【做一做】设计店招并上传

步骤1. 整理店铺相关信息，如店名、广告词、主营商品等。根据后台图片上传尺寸要求完成店招设计。店招设计效果如图 4-2-7 所示。

图 4-2-7　店招设计效果

步骤2. 登录淘宝店铺，选择"卖家中心"选项，如图 4-2-8 所示。
步骤3. 在左侧的"店铺管理"列表中选择"店铺装修"选项，如图 4-2-9 所示。

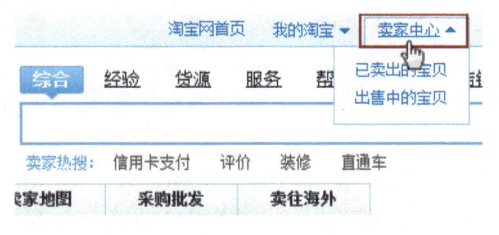

图 4-2-8　选择"卖家中心"选项　　　　图 4-2-9　选择"店铺装修"选项

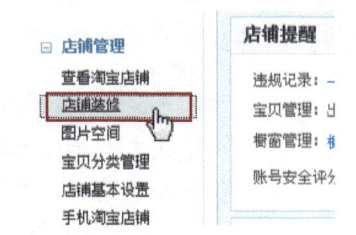

步骤4. 进入"店铺装修"窗口，单击"页面编辑"按钮，在"页面编辑"界面中可设置店招、图片轮播、店铺公告等内容，如图 4-2-10 所示。

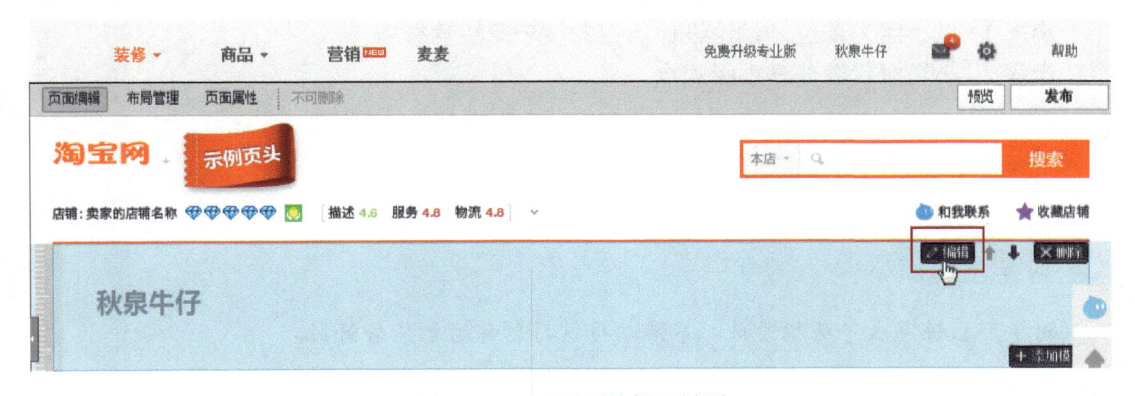

图 4-2-10　"页面编辑"界面

步骤5. 单击"编辑"按钮，在打开的"店铺招牌"窗口中单击"选择文件"按钮，并选择要上传的店招图片。店招上传后的效果如图 4-2-11 所示。

图 4-2-11 店招上传后的效果

知识加油站

店招的尺寸及设计技巧

1. 店招的尺寸

系统模块中店招的宽度为 950px，高度为 120px，因为店招只能上传一张图片，所以在设计店招时，尽量选择能够全面展示店铺的基础信息的图片。

2. 店招的设计技巧

一般情况下，店招中店铺名称和店铺店标是不能缺少的，考虑到人们的阅读习惯，这两项主要信息一般靠左或居中摆放。

从视觉营销的角度考虑，在不同的时间要有不同的店招风格。例如，在"双11"期间设计具有"双11"风格的店招，在"黑色星期五"期间设计具有"黑色星期五"风格的店招。

3.【说一说】设计店招的技巧及注意事项

步骤1. 以小组为单位，讨论设计店招的技巧及注意事项。
步骤2. 小组派代表分享小组观点。

活动27　制作通栏广告海报

活动描述

同学们已经完成了店招设计，本活动将学习制作通栏广告海报。

活动实施

1.【搜一搜】在素材网站收集相关通栏广告海报的广告素材

步骤1. 分组，4个人为一个小组，以小组为单位进行讨论。
步骤2. 在相关素材网站搜索通栏广告海报的广告素材。
步骤3. 小组对收集的素材进行归类并筛选。

步骤 4. 小组派代表发言。

2.【做一做】制作通栏广告海报

步骤 1. 围绕通栏广告海报主题收集素材，素材包括背景图片、产品图片、点缀元素、海报文案。

步骤 2. 运用 Photoshop 设计通栏广告海报。通栏广告海报设计效果如图 4-2-12 所以。

步骤 3. 登录淘宝店铺，选择"卖家中心"选项，如图 4-2-13 所示。

步骤 4. 在左侧的"店铺管理"列表中选择"店铺装修"选项，如图 4-2-14 所示。

图 4-2-12　通栏广告海报设计效果

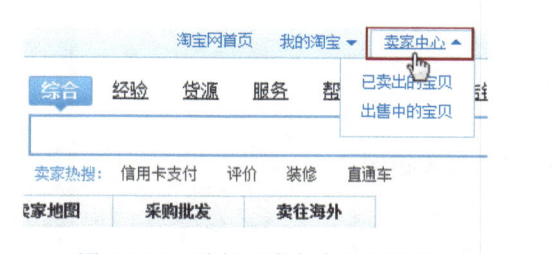

图 4-2-13　选择"卖家中心"选项

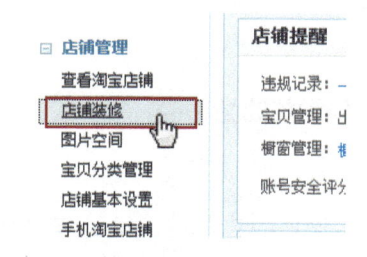

图 4-2-14　选择"店铺装修"选项

步骤 5. 进入"店铺装修"窗口，在"页面编辑"界面中可设置店招、图片轮播、店铺公告等内容，如图 4-2-15 所示。

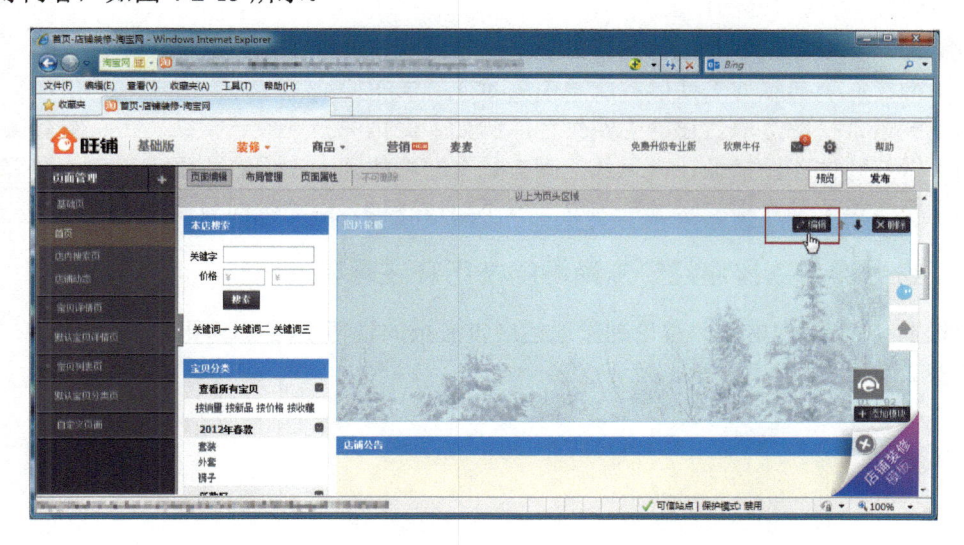

图 4-2-15　"页面编辑"界面

步骤 6. 在"图片轮播"区域单击"编辑"按钮,打开"图片轮播"窗口,单击"图片地址"右侧的"选择文件"按钮,选择要上传的促销广告图片,保存后自动返回"店铺装修"窗口,单击"发布"即可在店铺中查看通栏广告海报添加完成后的效果,如图 4-2-16 所示。

图 4-2-16　通栏广告海报添加完成后的效果

知识加油站

通栏广告海报的制作要求

1. 通栏广告海报的类型与尺寸

常见的通栏广告海报的类型有全屏海报和滚播海报两种。

(1)全屏海报的尺寸为 1920px,高度没有限制。

(2)不同平台要求的滚播海报宽度不同。

2. 通栏广告海报的制作要点

(1)先确定通栏广告海报的文案主题,然后围绕主题收集素材。

(2)通栏广告海报的主要内容应集中展示在画面中心。

(3)背景素材应选取合适的主题颜色。例如,促销海报一般选用红、橙、黄等颜色。

(4)做好整体构图搭配,常见的构图方式有左右构图、左中右构图、三角构图等。

(5)字体类型及海报主题颜色选取一般不超过三种,避免画面显得杂乱。

3.【说一说】制作通栏广告海报的技巧及注意事项

步骤 1. 以小组为单位,讨论制作通栏广告海报的技巧及注意事项。

步骤 2. 小组派代表分享小组观点。

任务 3　设计商品描述模板

任务介绍

本任务将学习整理商品图片，并在网上收集相关商品描述页素材，为接下来的商品描述页优化做准备。通过活动 28　学习设计商品描述页的整体布局呈现；通过活动 29　学习设计商品信息；通过活动 30　学习设计推荐卖点；通过活动 31　学习设计商品细节。根据商品特性优化商品描述页，以吸引买家的眼球，从而增加销量。

活动 28　设计商品描述页的整体布局

活动描述

资深设计总监何总首先介绍了设计商品描述页的准备工作，接着要求大家在网上收集商品描述页，并进行设计。

活动实施

1.【搜一搜】在网上搜索相关设计素材

步骤 1. 分组，4 个人为一个小组，以小组为单位进行讨论。
步骤 2. 在相关网站上搜索并收集商品描述页。
步骤 3. 小组对收集的素材进行归类并筛选。
步骤 4. 小组派代表发言。

2.【做一做】确定商品描述页的整体布局

步骤 1. 分析收集的商品描述页。
步骤 2. 提炼商品描述页的内容并进行分类。描述页包括产品基础信息、产品卖点呈现、产品细节、产品实拍、产品包装、公司信息及物流服务等，如图 4-3-1 所示。
步骤 3. 将商品描述页的内容列表记录。

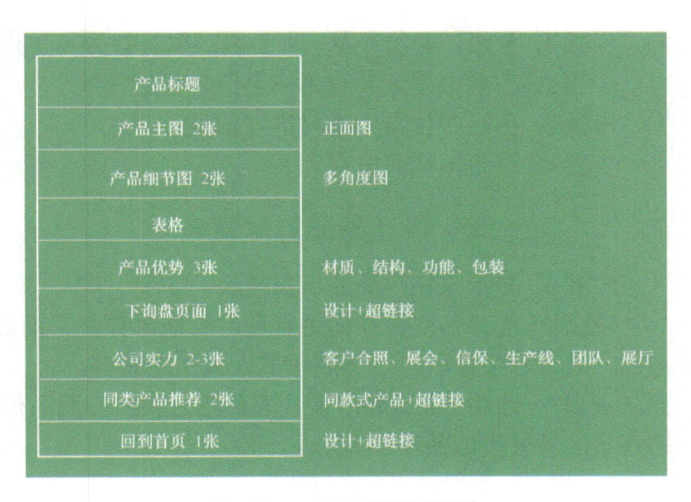

产品标题	
产品主图 2张	正面图
产品细节图 2张	多角度图
表格	
产品优势 3张	材质、结构、功能、包装
下询盘页面 1张	设计+超链接
公司实力 2-3张	客户合照、展会、信保、生产线、团队、展厅
同类产品推荐 2张	同款式产品+超链接
回到首页 1张	设计+超链接

图 4-3-1　商品描述页模块

> **知识加油站**
>
> **商品描述页一般包括哪些模块**
>
> 商品描述页一般包括以下 4 个部分。
> 1. 产品属性（Features）。包括产品的材质、结构、功能、包装等。
> 2. 产品属性的优势（Advantage）。告知买家产品的材质、结构、功能、包装等好在哪里；与同行相比，优势在哪里。
> 3. 益处（Benefits）。为什么要购买此产品，此产品能带给供应商的利润，以及强大的供货能力。
> 4. 证明（Evidence）。此产品的认证信息、参展图片、生产线图片等证明公司实力的图片。

3.【说一说】优秀商品描述页案例中呈现了哪些模块

步骤 1. 以小组为单位，挑选优秀商品描述页，分析其优点。
步骤 2. 小组讨论商品描述页所呈现的模块及特点。
步骤 3. 小组派代表分享小组观点。

活动 29　设计商品信息描述模块

活动描述

资深设计总监何总在活动 28 中安排了商品描述页的收集，以及案例分析等任务。本活动将参考案例完成商品信息描述模块的设计。

活动实施

1.【搜一搜】在网上搜索相关设计素材

步骤 1. 分组，4 个人为一个小组，以小组为单位进行讨论。
步骤 2. 在网上搜索并收集商品信息描述模块。
步骤 3. 小组对收集的素材进行归类并筛选。
步骤 4. 小组派代表发言。

2.【做一做】设计商品信息模块

步骤 1. 分析收集的商品信息模块。
步骤 2. 选择一款牛仔裤进行商品信息的整理，商品信息包括产品名称、品牌、材质、颜色、尺码、牛仔面料、适用季节、适用场景等。
步骤 3. 运用 Photoshop 设计商品信息模块，商品信息须包含商品图片和文字。牛仔裤的商品信息模块如图 4-3-2 所示。

装饰店铺 项目四

图 4-3-2　牛仔裤的商品信息模块

知识加油站

商品信息模块的设计要点

1. 商品信息模块一般包括产品名称、尺寸、成分、型号、材质等信息。
2. 文字内容要以表格的形式列出，同时须注意文字的排版。
3. 如果文字内容较多，背景选取则应以干净简洁为主。
4. 排版方式可根据产品来确定，以上下排版和左右排版为主。

3.【说一说】商品描述页所呈现的商品信息有哪些

步骤 1. 以小组为单位，分析设计好的商品信息模块的优缺点。
步骤 2. 小组派代表分享小组观点。

活动 30　设计商品卖点图

活动描述

资深设计总监何总给同学们介绍了分析商品卖点的重要性，并要求大家根据商品卖点设计商品卖点图。

网店开设与管理实训

活动实施

1.【搜一搜】在网上搜索相关设计素材

步骤 1. 分组，4 个人为一个小组，以小组为单位进行讨论。
步骤 2. 在网上搜索并收集商品卖点素材。
步骤 3. 小组对收集的素材进行归类并筛选。
步骤 4. 小组派代表发言。

2.【做一做】设计商品卖点图

步骤 1. 分析收集的商品信息模块。
步骤 2. 选择一款牛仔裤进行商品卖点整理，如面料、个性磨破等。
步骤 3. 运用 Photoshop 设计商品卖点，须突显商品特色卖点。卖点展示如图 4-3-3 所示。

卖点细节　　　　　　　　　　　　　　　　面料细节

图 4-3-3　卖点展示

知识加油站

商品卖点

1. 商品核心卖点能带来什么

卖点是该商品给买家带来的价值及所拥有的能打动买家的优点。卖点不一定是有形的。

打造商品卖点的好处在于提升转化率、增加买家信任度、提升商品溢价、避免价格战等。从数据上说，可以增加页面停留时间、减少跳失率、提高收藏和加购比例。

2. 如何突出商品的核心卖点

（1）树立核心卖点。

核心原则就是树立唯一的理念，以抓住买家的眼球。很多卖家在展示卖点时会列出很多卖点，结果买家看了很久也无法记住这个商品到底好在哪里。卖家的心情可以理解——想体现这个商品什么都好，但是买家是记不住这么多的。

（2）围绕核心卖点打造商品。

在树立唯一卖点后，整个视觉拍摄、页面设计、文案编写、卖点排列等都围绕着这唯一卖点来打造。让买家在最短的时间内抓住重点，淘宝网上的买家关掉一个链接只需要0.5秒，成本非常低，所以必须让买家在最短的时间内抓住重点。

（3）打造卖点要扬长避短——低认知模式与高认知模式的运用。

一般情况下，买家处于"低认知模式"，他们不会详细了解并比较商品，更多的是简单地通过他们认为合理的因素来判断。例如，买计算机，买家不知道什么计算机好，他们的选择标准就是"这是大品牌，不会坑我，就买这个！"而"高认知模式"是买家在详细了解后的科学认知模式。

3.【说一说】商品卖点图呈现的信息有哪些

步骤1. 以小组为单位，分析设计完成的商品卖点图的优缺点。

步骤2. 小组讨论商品卖点图所呈现的信息。

步骤3. 小组派代表分享小组观点。

活动 31　设计商品细节图

活动描述

在资深设计总监何总的指导下同学们设计了商品信息模块及商品的卖点图。何总再次给同学们介绍了商品细节展示的重要性，并分配了新的任务——设计商品细节图。

活动实施

1.【搜一搜】在网上搜索相关设计素材

步骤1. 分组，4个人为一个小组，以小组为单位进行讨论。

步骤2. 在网上搜索并收集商品细节图。

步骤3. 小组对收集的素材进行归类并筛选。

步骤4. 小组派代表发言。

2.【做一做】设计商品细节

步骤1. 分析收集的商品细节图。

步骤 2. 选择一款牛仔裤商品进行产品细节整理，如敞开插袋、贴袋、门襟拉链等。

步骤 3. 运用 Photoshop 设计商品细节，牛仔裤的商品细节图如图 4-3-4 所示。

敞口插袋　　　　　　　　贴袋展示

门襟拉链

图 4-3-4　牛仔裤的商品细节图

知识加油站

商品细节图的设计要点

1. 细节之处要高清拍摄

商品细节图是为了让买家清楚、全面地了解商品的细节，从而让买家更加了解商品并产生认同感，模糊不清的图片会给买家造成不安及不信任，在设计的过程中不能单纯地把图片放大。

2. 有针对性地展示商品细节

展示商品细节要有针对性。商品的细节是什么，是不是买家在意的，是不是该商品的卖点？例如，钢化膜的细节一般是它的弧度、厚度。

3.【说一说】商品细节图呈现的信息有哪些

步骤 1. 以小组为单位，分析设计好的商品细节图的优缺点。
步骤 2. 小组讨论商品细节图呈现的信息。
步骤 3. 小组派代表分享小组观点。

任务 4 发布宝贝

任务介绍

经过对设计商品描述页的学习，同学们已经做好了发布宝贝的准备。本任务将学习发布宝贝。

活动 32　上传商品描述页并发布宝贝

活动描述

资深设计总监何总首先介绍了发布宝贝前的准备工作，接下来同学们将上传商品描述页并发布宝贝。

活动实施

1.【搜一搜】在网上搜索相关信息

步骤 1. 分组，4 个人为一个小组，以小组为单位进行讨论。
步骤 2. 在网上搜索并收集发布宝贝的相关信息。
步骤 3. 小组对收集的素材进行归类并筛选。
步骤 4. 小组派代表发言。

2.【做一做】发布宝贝

步骤 1. 登录淘宝店铺，在"卖家中心"中选择"发布宝贝"选项，如图 4-4-1 所示。
步骤 2. 选择商品类目。在"商品类目"界面输入关键词"运动牛仔裤"进行搜索，选择"运动牛仔裤"选项，如图 4-4-2 所示，单击"下一步，发布商品"按钮。

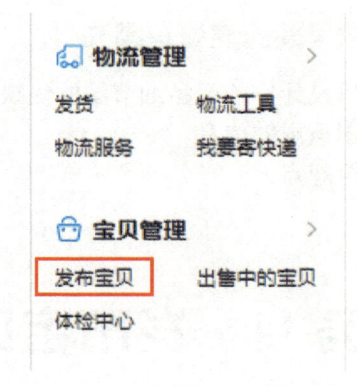

图 4-4-1　选择"发布宝贝"选项

图 4-4-2　选择商品类目

步骤3. 输入商品信息。在"发布商品"界面输入商品的基础信息和销售信息，如图 4-4-3 所示。

步骤4. 设置宝贝的销售规格，如图 4-4-4 所示。

步骤5. 上传商品主图，如图 4-4-5 所示。

步骤6. 上传商品描述页，如图 4-4-6 所示。

步骤7. 设置支付信息、物流信息及售后服务，如图 4-4-7 所示。

图 4-4-3　输入商品的基础信息和销售信息

图 4-4-4　设置宝贝的销售规格

图 4-4-5　上传商品主图

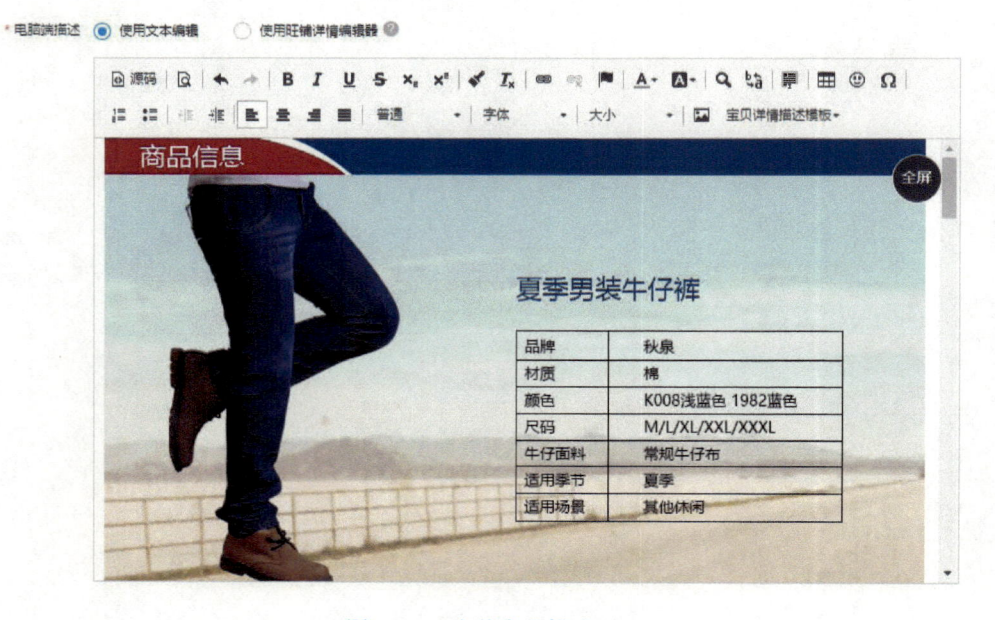

图 4-4-6　上传商品描述页

图 4-4-7　设置支付信息、物流信息及售后服务

步骤 8. 单击"提交宝贝信息"按钮完成宝贝发布。宝贝发布完成的效果如图 4-4-8 所示。

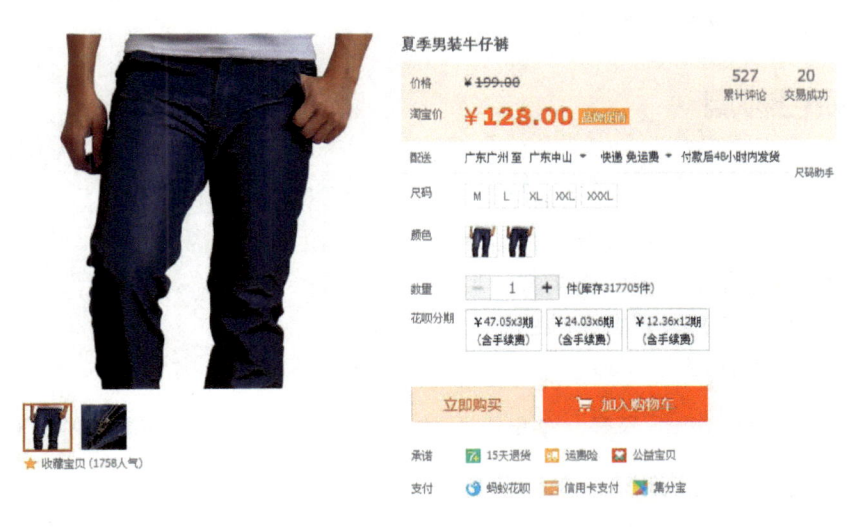

图 4-4-8　宝贝发布完成的效果

网店开设与管理实训

知识加油站

淘宝网发布商品的规则

1. 禁止和限制发布物品管理规则。
2. 重复铺货商品管理规则。
3. 支付方式不符商品管理规则。
4. 商品价格、邮费不符商品管理规则。
5. 信用炒作商品管理规则。
6. 广告商品管理规则。
7. 放错类目/属性商品管理规则。
8. 乱用关键字商品管理规则。
9. 标题、图片、描述等不一致商品管理规则。

3.【说一说】发布宝贝需要填写哪些信息

步骤1. 以小组为单位，讨论在淘宝网上发布宝贝需要填写的信息。
步骤2. 小组派代表分享小组观点。

项目总结

店铺装修与实体店装修一样，目的是让店铺变得更美、更吸引人。店铺装修是电子商务运营中的重要活动。发布宝贝就是引进货源，提炼产品进行销售的过程。通过学习本项目，同学们了解了各行业的店铺装修风格及发布宝贝的相关要点，为今后学习网店美工打下理论基础，做好技能储备。以小组的形式进行合作学习，活动中通过分工、沟通解决问题，增强了同学们的团队合作意识。

项目检测

一、判断题（正确的画"√"，错误的画"×"）

1. 店铺装修平台只有一种页面布局方式。（　　）
2. 店铺装修越花哨越能吸引买家的眼球。（　　）
3. 店铺装修不支持设置背景颜色。（　　）
4. 店铺首页设计越长越好。（　　）

二、单项选择题（每题只有一个正确答案，请将正确的答案填在题后的括号中）

1. 店铺装修风格能表现喜庆的颜色是（　　）。
   A．白色　　　　　B．黄色　　　　　C．红色　　　　　D．粉红色
2. 下列不属于商品描述页设计模块的是（　　）。
   A．商品基本属性　　　　　　　　B．商品细节图片

C．物流信息　　　　　　　　　D．店招
3．下列不属于设计店标所使用的软件是（　　）。
A．Photoshop　　B．Dreamweaver　　C．AI　　　　D．Coreldraw

三、合作实训

1．实训名称：装修电子科技类店铺。

2．实训目的：学会在淘宝网上进行店铺装修。

3．实训要求：4个人为一个小组，以小组为单位讨论完成。

步骤1．任命一名活动小组长，明确组员分工，以小组为单位完成店铺首页框架图和产品详细页面框架图，确定设计的风格和颜色。

步骤2．分工合作，其中，1名成员负责店铺首页设计，1名成员负责商品主图及详情页设计，1名成员负责文案撰写，1名成员负责商品处理。

步骤3．全部图片设计完成后由1名成员负责在淘宝店铺装修后台上传首页图片，其他同学负责上传商品主图及详情页。

步骤4．装修完成后对比设计效果图进行细节调整。

步骤5．发布装修。

步骤6．实训小结。

项目五

推广店铺和商品

项目简介

店铺的推广分为两部分,分别是店铺推广和商品推广。店铺推广主要是推广店铺的知名度和品牌,商品推广是推广店铺中的某个主推商品。本项目从店铺和商品优化设置开始,对店铺和商品进行站内及站外活动推广,以达到更好的推广目标。学习完本项目,同学们将掌握如何优化店铺和商品,利用站内活动推广。

项目目标

➢ 了解店铺和商品优化的方法及过程。
➢ 了解店铺装修及颜色统一的知识。
➢ 能够利用网络查找相关素材,整理素材。
➢ 能够运用装修技巧完成店铺装修。
➢ 能够熟练使用软件设计产品细节。

项目任务

任务1　店铺和商品的优化
任务2　利用站内活动推广
任务3　利用站外活动推广

推广店铺和商品　项目五

任务 1　店铺和商品的优化

任务介绍

黄小明 2011 年 7 月 18 日在淘宝网注册了一个专卖茶具的 PC 店——品溢茶具家居店，经过 7 年的经营，年交易量达到 1500 笔左右，店铺信誉即将升为 4 钻。黄小明发现，近年来淘宝平台的流量越来越难引入，特别是平台给予的辅助流量明显减少，这令店铺运营越来越艰难。对于这种基本不盈利的店铺，自然没有足够的资金做"直通车"等官方推广。经过与专业电商团队沟通，黄小明决定从店铺和商品的优化着手来获取更多的流量。

活动 33　优化店铺的基本设置

活动描述

淘宝店铺的基本设置会影响宝贝排名，就像建房子一样，地基是否牢固非常重要。资深运营总监李总提出两个问题，一是店铺的基本设置有哪些？二是在淘宝网首页宝贝排名中，哪些相关性较高的店铺会被优先展示？

活动实施

1.【搜一搜】在网上搜索相关素材

步骤 1. 分组，4 个人为一个小组，以小组为单位进行讨论。

步骤 2. 讨论并收集李总提出的两个问题的相关素材，可访问相关素材网站，并设定相关关键词进行搜索。第 1 组以"淘宝店铺基本设置"为关键词进行搜索，第 2、4 组以"淘宝店铺优化"为关键词进行搜索，第 3、5 组以"店铺的 SEO 优化"为关键词进行搜索。

步骤 3. 小组对收集的素材进行归类并筛选。

步骤 4. 小组派代表发言。

2.【做一做】优化店铺基本设置

步骤 1. 对店铺"品溢茶具家居店"（旺旺 ID：品溢茶具）的基本设置提出方案。店铺首页如图 5-1-1 所示。

步骤 2. 进入淘宝网首页，在"店铺"搜索框中输入"品溢茶具"，如图 5-1-2 所示。

网店开设与管理实训

图 5-1-1　店铺首页

图 5-1-2　店铺搜索

步骤 3. 单击"搜索"按钮，找到需要优化的店铺"品溢茶具家居店"，如图 5-1-3 所示。

图 5-1-3　品溢茶具家居店

步骤 4. 小组讨论，每个小组至少提出 5 条修改意见，制订店铺设置修改方案。

步骤 5. 小组派代表发言。

知识加油站

优化店铺基本设置需注意的问题

在淘宝网首页宝贝排名中，相关性高的店铺会被优先展示。大家只知道宝贝相关性会影响宝贝排名，其实店铺相关性也会影响宝贝排名，那么，要怎样优化店铺基本设置呢？

1. 店名的设置。在设置店名时要注意两点，第一，店名要符合店铺的定位，以店铺的主营产品为导向取店名；第二，店名不可过长，简短的店名容易被买家记住。

2. 域名的设置。每个店铺都可以重新设置域名，也就是店铺的二级域名。可以在"卖家中心"的"域名设置"中设置店铺的二级域名。还没有二级域名的店铺要赶快设置一个便于记忆的域名，域名中最好含有店铺的关键词拼音或英文单词。例如，主卖女鞋的店铺可以把域名设置为"×××nvxie"，这样容易记忆。

3. 店铺类目影响宝贝的排名。一个店铺要定位一个类目，一旦定位了类目，就不要再随便改动。店铺类目可以在"卖家中心"的"店铺基本设置"中设置。

4. 店铺简介会加入店铺的搜索中。店铺简介要符合店铺的定位，设置关键词要合理，切忌长篇大论，并不是写得越长越好，简单易懂为宜。

5. 重视宝贝的分类。当买家进入一个店铺时，就能从店铺首页看到店铺中宝贝的分类，这样便于买家挑选。尽量把店铺的产品分得细一些，分得越细就越方便买家查找。可以在"卖家中心"的"宝贝分类管理"中设置宝贝的分类。

3.【说一说】店铺基本设置的优缺点

步骤1. 以小组为单位，找出一个与本活动同类型店铺（天猫店）的案例，分析其店铺基本设置的优缺点。

步骤2. 以小组为单位，找出一个与本活动同类型店铺（京东店）的案例，分析其店铺基本设置的优缺点。

步骤3. 小组讨论店铺"品溢茶具家居店"基本设置的缺点，每组至少列出5个缺点。

步骤4. 小组派代表分享小组观点。

活动34　优化商品标题

活动描述

优化商品标题至关重要，好的商品标题能让买家容易搜索，并容易获得展现的机会。卖家想方设法获得自然搜索流量，而自然搜索与宝贝的标题匹配有着密切的联系，有亮点的标题能带来流量。对普通卖家来说，获得淘宝自带的最大众、最简单且免费的流量，只需通过一点小技巧就可以实现。

活动实施

1.【搜一搜】在各大电商平台搜索指定商品

步骤1. 分组，4个人为一个小组，以小组为单位进行讨论。

步骤2. 以关键词在淘宝网和京东商城等各大电商平台搜索并收集商品标题，第1组以"实木普洱茶盘鸡翅木"为关键词进行搜索，第2组以"鸡翅木分茶盘"为关键词进行搜索，第3组以"黑檀木单层评审盘"为关键词进行搜索，第4组以"茶饼储茶盒木制收纳"为关键词进行搜索，第5组以"实木普洱茶盘黑檀木"为关键词进行搜索。

步骤3. 小组讨论所收集的商品标题是否有可借鉴之处。

步骤4. 小组派代表发言。

2.【做一做】优化商品标题

步骤1. 通过淘宝网首页筛选关键词。

确定商品的关键词为"鸡翅木普洱盘",在淘宝网首页的搜索框中输入关键词"鸡翅木普洱盘",搜索框下方会弹出相关联的关键词信息,如图5-1-4所示。

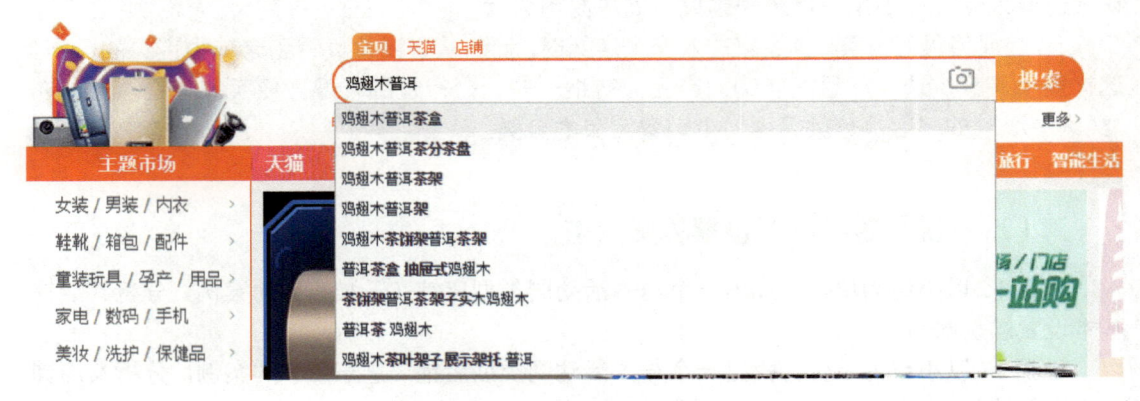

图5-1-4 关键词搜索

单击"搜索"按钮,查看搜索结果,分析排名前四的商品的标题设置。排名前四的商品如图5-1-5所示。

图5-1-5 排名前四的商品

步骤2. 通过淘宝排行榜筛选关键词。

在淘宝排行榜中搜索排名靠前的关键词,并结合自身店铺的商品,比较哪些关键词适合自己,把它记录下来。淘宝排行榜如图5-1-6所示。

推广店铺和商品 项目五

图 5-1-6　淘宝排行榜

步骤 3. 通过淘宝直通车筛选关键词，如图 5-1-7 所示。

图 5-1-7　通过淘宝直通车筛选关键字

步骤 4. 通过阿里指数筛选关键词。

首先，打开阿里指数网首页，在搜索栏中输入关键词"鸡翅木普洱盘"，选择页面左上角的"市场细分"→"相关商品"按钮，页面会显示很多关键词，记下排名靠前的关键词。阿里指数如图 5-1-8 所示。

步骤 5. 通过上述 4 种工具，把收集的所有关键词汇总并筛选，把筛选后的关键词融入自己的宝贝标题。

121

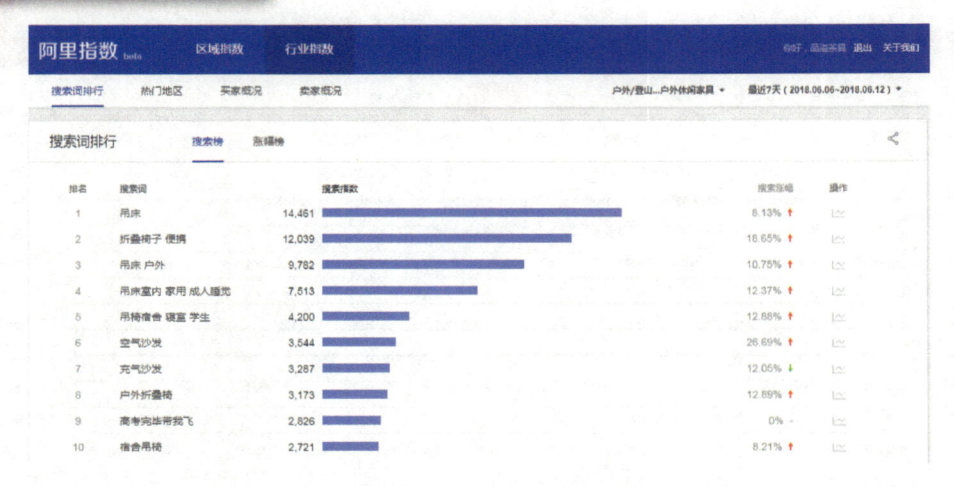

图 5-1-8　阿里指数

知识加油站

标题中的关键词

1. 淘宝热搜关键词

尽量用足 30 个字，少用符号和空格。借助软件工具，在卖家中心可以看到热门关键词。

2. 淘宝潜力股关键词

如何找到更多热搜关键词和潜力股关键词呢？可在淘宝排行榜中查找。

3. 淘宝精准关键词

当输入关键词"连衣裙"时，可以发现很多比较长的关键词，这些关键词由"连衣裙"加其属性组成，这些关键词可以叫做长尾关键词或精准关键词，关键词越长越精准。

4. 通顺的关键词

必须保证关键词通顺，不能有错别字。

3.【比一比】哪组设计的商品标题最好

步骤 1. 以小组为单位，展示小组设计的商品标题。
步骤 2. 小组派代表介绍本组设计的商品标题。
步骤 3. 分别对各小组设计的商品标题进行评价。
步骤 4. 填写商品标题设计评价表，如表 5-1-1 所示。

表 5-1-1　商品标题设计评价表

组　别	代表姓名	商品标题	小组观点	设计评价	备　注
1					
2					
3					
4					
5					

活动 35　设计商品文案

活动描述

资深文案总监刘总介绍了商品文案的由来、商品文案的主要应用场合，展示并分析了几个优秀商品文案的案例。接下来同学动手设计商品文案吧。

活动实施

1.【搜一搜】搜索商品文案的相关知识

步骤 1. 分组，4 个人为一个小组，以小组为单位进行讨论。
步骤 2. 以"鸡翅木普洱盘"为关键词进行搜索。
步骤 3. 分别讨论分析 5 个天猫商城爆款和 5 个京东商城爆款的商品文案。
步骤 4. 小组讨论分析"鸡翅木普洱盘"商品文案，并制订设计方案。
步骤 5. 小组派代表发言。

2.【做一做】设计商品文案

步骤 1. 选择商品。为"鸡翅木普洱盘"设计商品文案，如图 5-1-9 所示。

图 5-1-9　选择商品

步骤 2. 构思商品文案的设计方案。根据提供的素材，经过小组讨论，将"鸡翅木普洱盘"商品文案的设计方案填入表 5-1-2 中。

表 5-1-2　商品文案的设计方案

_____新品文案

主场景图		广告语	
			要求：主副标形式
设计灵感			
设计亮点			
产品展示/ 商品实拍			
	要求：适当添加图片、颜色分类文案、空间场景文案、风格、尺寸标注等		
产品细节			
细节图 1		细节描述 1	
			版式要求：大字概括+具体文案 内容要求：工艺、配件、眼神、姿态等
细节图 2		细节描述 2	
			版式要求：大字概括+具体文案 内容要求：工艺、配件、眼神、姿态等
细节图 3		细节描述 3	
			版式要求：大字概括+具体文案 内容要求：工艺、配件、眼神、姿态等
购买理由			
	要求：包装、原创、功能、颜色描述等		

步骤 3. 设计商品文案。根据表 5-1-2 中的设计方案设计商品文案。

知识加油站

如何说服买家购买

商品文案是商品所要传达给买家的信息,优秀的商品方案从未来消费、要完成的任务、与某个人的关系、所处的群体、扮演的社会角色5方面说服买家购买。

1. 未来消费

未来消费即自我投资。自我投资可分为技能投资和健康投资两类。技能投资类产品可选择"唤起共鸣感"文案,健康投资类产品可选择"描述未来的美好"文案。

2. 要完成的任务

(1)目标趋近。人们都有一个共同的倾向,越接近完成某个任务,越不会中途放弃。一个人对目标的把握越大,达到目标的概率越高,即越容易被激励。

(2)装备加持。如果说"目标趋近"让人们在意完成任务的连续性和完整性,那么"装备加持"是想更好地完成任务的外在体现。

3. 与某个人的关系

(1)关系维持。在社会上,每个人都要与他人进行交互。很多文案利用了买家需要维持的关系,从而成功地说服买家购买产品。首先要善于识别哪些关系是买家要一直维持的,然后向他们提供合适的产品,帮助他们完成"关系维持"的任务。

(2)关系补偿。关系补偿来自"亏欠"。人们一旦觉得亏欠别人,就会产生深深的愧疚感,这会促使他们做出补偿对方的行为,什么产品能帮他们缓解这种情感压力呢?

4. 所处的群体

(1)融入群体。人是社会型动物,每个人都渴望融入群体。但是,社会角色的频繁转换带来的新环境、新群体,都需要人们学着去适应和融入。而要快速融入一个陌生群体,捷径就是模仿群体内成员的行为。

(2)回避群体。在一项关于美国大学生的研究中,心理学家们发现,当得知研究生是购买垃圾食品的主要群体时,本科生大大减少了垃圾食品的消费。这是因为研究生是本科生的回避群体,本科生通过减少和研究生的相似行为与他们形成区隔。如果使用这个产品,能与回避群体形成区隔,则会获得买家的青睐。

5. 扮演的社会角色

文案要善于调动买家"履行责任"的倾向,让他们意识到自己有孩子要去疼爱、有父母要去关心、有爱人要去呵护。

3.【比一比】哪组设计的商品文案最优秀

步骤1. 以小组为单位,展示小组设计的商品文案。

步骤2. 分享小组的商品文案构思。

步骤3. 分别对各小组设计的商品文案进行评价。

步骤4. 填写商品文案设计评价表,如表5-1-3所示。

表 5-1-3 商品文案设计评价表

组　别	代表姓名	网上资源	商品文案的构思	商品文案	备　注
1					
2					
3					
4					
5					

任务 2　利用站内活动推广

任务介绍

　　站内推广的重要工作是提升店铺流量。在本任务中，各小组以淘宝站内推广的免费工具和付费工具相结合对店铺的主推商品进行站内活动推广。由于同学们已经掌握了免费推广工具，因此他们请资深运营总监黄总重点讲解如何参与聚划算、直通车、优惠券及限时打折活动。

活动 36　参与聚划算及直通车活动

活动描述

　　资深运营总监黄总首先介绍了淘宝网有哪些站内活动推广，接着介绍如何参与聚划算及直通车活动。

活动实施

1.【搜一搜】在网上搜索相关素材

　　步骤 1. 分组，4 个人为一个小组，以小组为单位进行讨论。
　　步骤 2. 分别以"淘宝免费推广工具""淘宝付费推广工具""京东免费推广工具""京东付费推广工具"为关键词进行搜索。
　　步骤 3. 收集淘宝网和京东商城的免费推广工具和付费推广工具。
　　步骤 4. 收集参与聚划算及直通车活动的基本条件及注意事项。
　　步骤 5. 小组对收集的素材进行归类并筛选。
　　步骤 6. 小组派代表发言。

2.【做一做】参与聚划算活动

　　步骤 1. 登录淘宝店铺，在"卖家中心"中选择"卖家地图"选项，如图 5-2-1 所示。

推广店铺和商品 项目五

图 5-2-1　卖家地图

步骤 2. 在"营销&数据管理"中选择"聚划算报名"选项，如图 5-2-2 所示。

图 5-2-2　聚划算报名

步骤 3. 单击"我要报名"按钮，报名"聚划算"，如图 5-2-3 所示。

图 5-2-3　报名聚划算

步骤 4. 如果以前没有参与过聚划算，则需单击"现在入驻"按钮，入驻聚划算，如图 5-2-4 所示。

步骤 5. 填写商家资料，如图 5-2-5 所示。

127

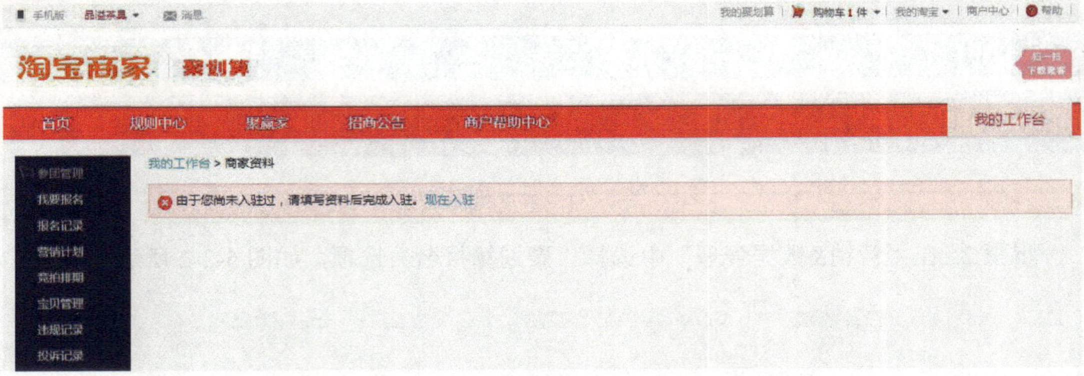

图 5-2-4　入驻聚划算

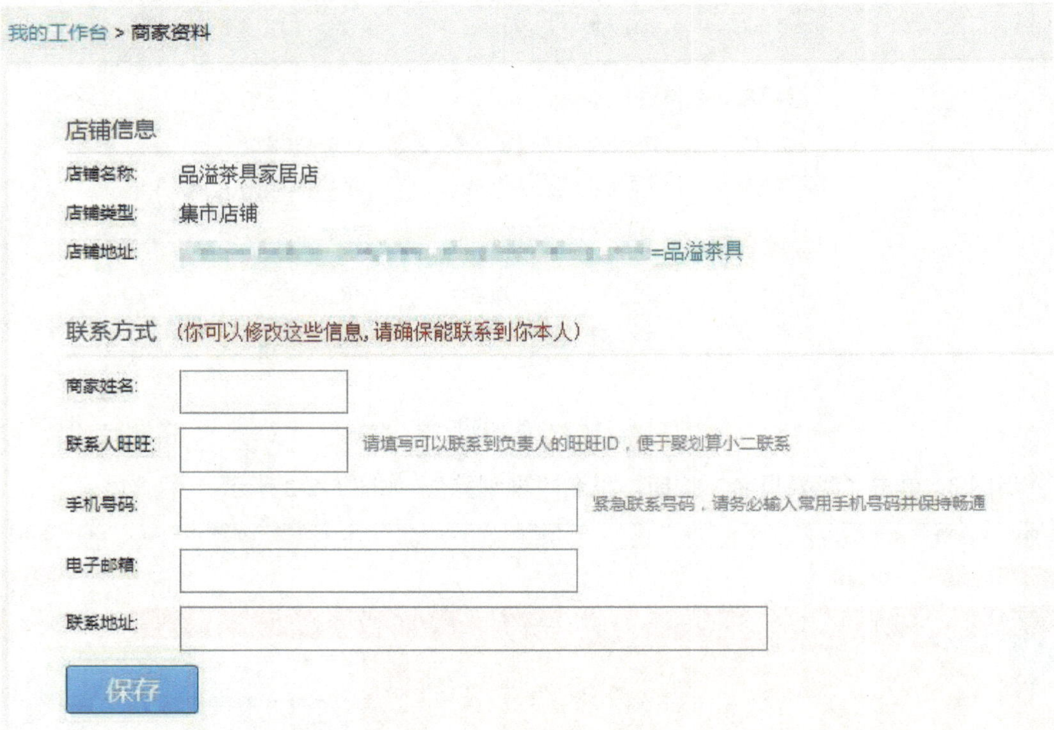

图 5-2-5　填写商家资料

步骤 6. 选择报名的类目，如图 5-2-6 所示。

步骤 7. 依次完成"活动报名"中的"了解详情""协议签署""填写基本信息""商品提交""完成报名"，如图 5-2-7 所示。

注意：直通车报名与聚划算报名类似，选择"卖家地图"→"直通车"选项，如果已经登录千牛，则会显示账号名，直接单击"进入直通车后台"按钮即可。

图 5-2-6 选择报名的类目

图 5-2-7 活动报名

知识加油站

站内活动推广

1. 站内推广

站内推广是指以特定的电子商务平台为载体,通过营销工具的使用与营销活动的实施,提升店铺流量的营销推广活动。站内推广的重要工作是提升店铺流量,站内推广的工具分为免费工具和付费工具两种。免费工具指平台提供的免费站内推广工具,如淘宝网的淘宝论坛、帮派、掌柜说、淘吧、旺旺等,拍拍网的晒单、社区推荐、我的乐享等。付费工具是指平台提供的有偿使用的站内推广工具,如淘宝网的聚划算、直通车、钻石展位、超级卖霸、淘宝客等,拍拍网的直通车、卖场快车、点石成金等。

2. 聚划算

聚划算是阿里巴巴集团旗下的团购网站,参与聚划算活动有以下招商规划。

(1)集市店。五钻以上的消保店铺且好评率大于 98% 。

(2)商城店。店铺的综合动态评分 4.6 分及以上且"宝贝与描述相符"项 4.6 分及以上。

(3)店铺的开店时间大于 90 天。

(4)店铺不得在处罚期,不得涉嫌信用或交易炒作。

(5)店铺有较强运营能力,承诺遵守聚划算活动卖家服务规则。

(6)原则上要求单个报名宝贝的数量在 1000 件及以上(部分情况可酌情降低),报名团购价为非盈利性体验价,须在同等商品中达到最大限度的低折扣报名团购价,不同类目有不同的折扣要求,并且宝贝一个月内销售记录须在 10 个及以上。

3. 直通车

直通车是为淘宝卖家量身定制的,按点击量付费的效果营销工具。淘宝直通车推广在给宝贝带来曝光量的同时,精准的搜索匹配给宝贝带来了精准的潜在买家。

直通车的出价看起来简单,但有技巧,因为它是决定直通车效果的关键指标之一。出价越高意味着排名越靠前,被展示的概率越大,带来的流量也越多。

对于开通直通车的淘宝卖家来说,关键词的质量得分非常重要,提高质量得分是做直通车的首要工作。那么,如何提高质量分呢?

(1)宝贝上架时所选的类目属性要正确、完整。例如,上架一款雪纺长裙,宝贝的属性包括雪纺、印花、无袖、纽扣、拼接、长度超过 126 厘米、背心裙等信息,在选择时一定要全选。这既能提高质量得分,又能提高宝贝的自然搜索排名。

(2)优化宝贝标题。宝贝的标题和类目属性具有较大的关联性,当然,还要综合考虑流量大的关键词和热门搜索词。

(3)设置宝贝的推广标题。参加直通车活动的宝贝可以有两个标题,每个标题 20 个字,一定要利用好这 20 个字。这 20 个字的内容尽量把宝贝的关联性最大的词语放进去。

(4)推广要连续。如果只是在 8:00~24:00 时间段推广,质量得分则必然会受到影响。因此,在 0:00~8:00 这个时间段,可以设置按照比例投放,这样就不会影响质量得分。

(5)点击率。点击率越高,质量得分越高,因此,能够提高点击率的、有促销文字和创意的图片是提高直通车质量得分的法宝。

3.【说一说】店铺适合哪种推广活动

步骤 1. 以小组为单位,收集常用的免费推广工具和付费推广工具,分析它们的优缺点。

步骤 2. 小组讨论店铺"品溢茶具家居店"适合的免费推广工具和付费推广工具。

步骤 3. 小组派代表分享小组观点。

活动 37　参与优惠券及限时打折活动

活动描述

同学们了解了各种站内推广活动的优缺点。根据店铺"品溢茶具家居店"的实际情况,黄总决定参与优惠券和限时打折活动，继续提升店铺的流量和成交量，以完成年度店铺的销售目标。

> **活动实施**

1.【搜一搜】在各大电商平台搜索相关店铺首页

步骤1. 分组，4个人为一个小组，以小组为单位进行讨论。
步骤2. 以"优惠券活动优缺点"和"限时打折优缺点"为关键词进行搜索。
步骤3. 小组讨论收集的优惠券及限时打折活动的优缺点。
步骤4. 小组总结各大电商平台上优惠券和限时打折活动的设置方法。
步骤5. 小组派代表发言。

2.【做一做】设置优惠券及限时打折活动

设置优惠券活动

步骤1. 登录淘宝店铺，进入"卖家中心"。如果还没有订购优惠券服务，则需单击"营销中心"界面中的"我要推广"按钮，在打开的"我要推广"界面中订购优惠券服务。"营销中心"界面如图5-2-8所示。

图5-2-8 "营销中心"界面

步骤2. 选择"我要推广"界面中的"营销工具"选项，打开"营销工具"窗口，如图5-2-9所示。

图5-2-9 "营销工具"窗口

步骤3. 选择"基础促销"组中的"优惠券"选项，进入购买优惠券界面，如图5-2-10所示。

图5-2-10　购买优惠券界面

步骤4. 选择周期，单击"立即购买"按钮，并付款购买即可。优惠券确认付款界面如图5-2-11所示。

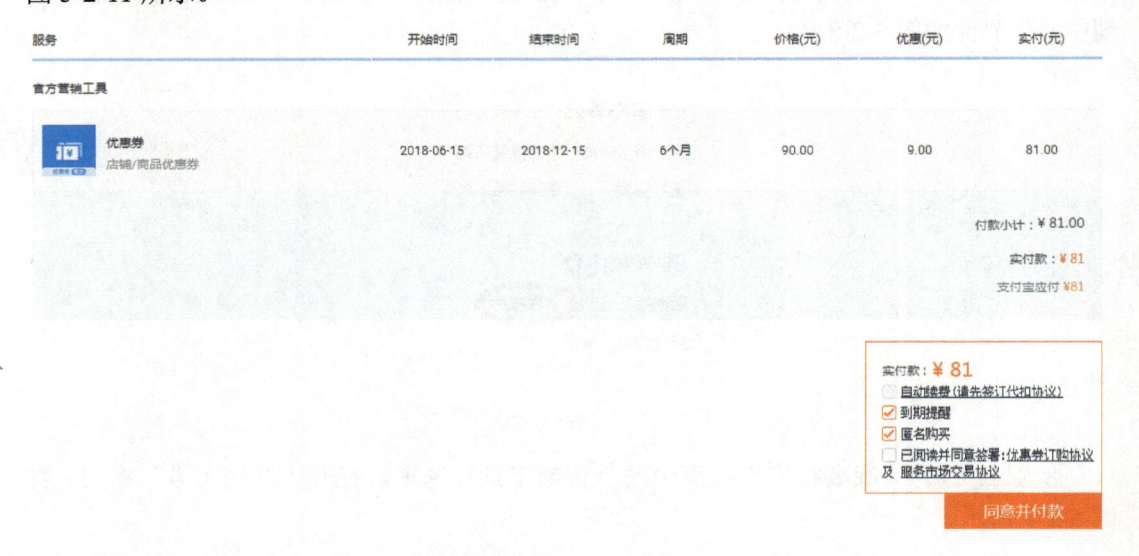

图5-2-11　优惠券确认付款界面

步骤5. 如果已经订购了优惠券服务，则单击"营销工具"按钮，打开"营销工具"界面，在"优惠促销"窗口即可找到优惠券图标，如图5-2-12所示。

步骤6. 单击优惠券图标，可以看到已创建的优惠券的列表，如类型、状态、面额等信息。优惠券不仅可以进行修改、查看统计数据、结束及删除等操作，还可以复制链接。

设置限时打折活动

步骤1. 登录淘宝店铺，选择"卖家中心"界面中的"服务市场"选项，打开"服务市场"界面，如图5-2-13所示，在"服务市场"界面中以"限时打折"为关键词进行搜索。

推广店铺和商品 项目五

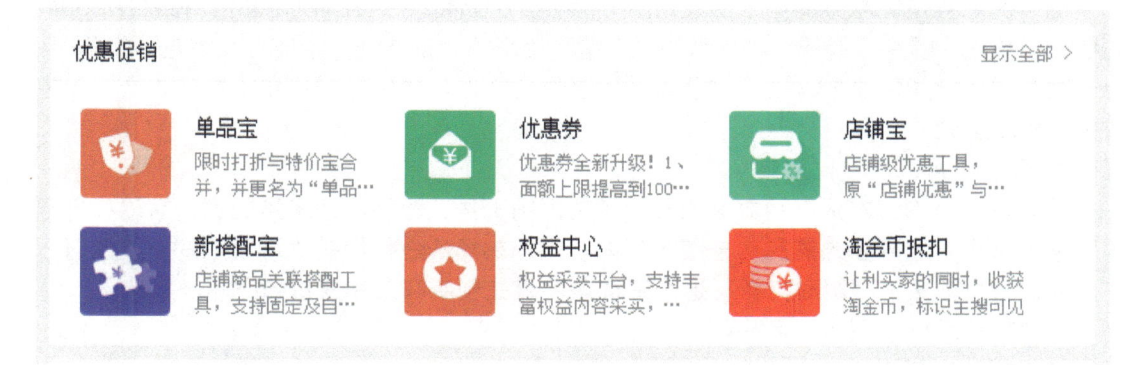

图 5-2-12 "优惠促销"窗口

图 5-2-13 "服务市场"界面

步骤 2. 单击"搜索"按钮，选择适合自己店铺的限时打折工具，如图 5-2-14 所示。

图 5-2-14 限时打折工具

知识加油站

优惠券和限时打折

1. 优惠券

"优惠券"源于 19 世纪 20 年代末的法国，但得到广泛应用和发展却是在美国。优惠券是一种常见的店铺推广工具。优惠券可以印在杂志的插页上，夹在报纸中，附在产品的包装上，放在商店中让人索取，甚至可以在街上派发。

优惠券按介质可分为电子优惠券、纸质优惠券、手机优惠券、银行卡优惠券等种类。按使用方式可分为现金券、体验券、礼品券、折扣券、特价券、换购券、通用券等种类。

133

电子优惠券是优惠券的电子形式,指以各种电子媒体(包括互联网、彩信、微扑 wepull、短信、二维码、图片、银行卡等)制作、传播和使用的促销凭证,主要形式为电子打折券、电子代金券。电子优惠券有别于普通纸质优惠券的特点,主要是制作和传播成本低,传播效果可精准量化。

2. 限时打折

限时打折是淘宝网提供给卖家的一种店铺促销工具,订购了此工具的卖家可以在自己的店铺中选择一定数量的商品在一定时间内以低于市场价进行促销。活动期间,买家可以在商品搜索页面根据"限时打折"这个筛选条件查找到所有正在打折的商品。

限时打折可以达到以下目的。

(1)提升店铺流量。

(2)提高转化率。

(3)提升客单价。

限时打折有以下规则。

(1)为控制疲劳度,卖家每个月的总活动时间为 240 小时。

(2)每次活动时间不得少于 3 小时。单个活动因库存销售完可提前结束,未用完的时间会从总的可用时间中扣除。

(3)每个活动最多添加 20 种商品,一种商品只能出现在一个活动中。

(4)在活动中添加的商品,上架时间必须早于活动开始时间,下架时间必须迟于活动结束时间。

(5)商品的折扣度不能低于 0.1 折,折后价格不能低于 1.00 元。限时打折的折扣度必须低于淘宝 VIP 的折扣度。

(6)活动开始前,卖家可以修改活动的所有参数。活动开始后,活动时间不能修改,其他参数还可以修改。

3.【比一比】哪组店铺活动设计更合理

步骤 1. 以小组为单位,展示小组收集的素材,并做一定的解释说明。

步骤 2. 说明小组店铺设置的合理性。

步骤 3. 各小组对店铺活动设计进行评价。

步骤 4. 填写店铺活动设计评价表,如表 5-2-1 所示。

表 5-2-1 店铺活动设计评价表

组 别	代 表 姓 名	收集的素材	店 铺 设 置	设 计 评 价	备 注
1					
2					
3					
4					
5					

任务 3 利用站外活动推广

任务介绍

本任务中，李勇和同小组的王丽、张军、钟珊打算策划站外活动推广，并在网上收集论坛推广、视频推广、朋友圈推广的相关知识，为接下来的站外活动推广做准备。通过活动 38 论坛推广，使同学们了解和应用论坛推广，掌握论坛推广的一般步骤；通过活动 39 视频推广，使同学们了解视频推广，掌握视频推广的操作方法；通过活动 40 朋友圈推广，使同学们了解和应用微海报模板，利用美观、动感的微海报把目标买家吸引进店铺。

活动 38 论坛推广

活动描述

了解论坛推广的相关知识和注意事项，掌握论坛推广的操作步骤和技巧，学会记录论坛推广的相关数据。

活动实施

1.【搜一搜】在网上搜索论坛推广的相关知识

步骤 1. 分组，4 个人为一个小组，以小组为单位进行讨论。

步骤 2. 设定相关关键词进行搜索，关键词包括论坛推广、论坛推广优势、论坛推广注意事项等。

步骤 3. 小组对收集的论坛推广的相关知识进行归类并筛选，并做成 PPT。

步骤 4. 小组派代表发言。

2.【做一做】进行论坛推广

步骤 1. 寻找目标论坛，确定推广平台。通过关键词+论坛搜索，如纸尿裤论坛。将目标论坛用 Excel 做一份论坛列表，纸尿裤论坛列表如图 5-3-1 所示。

步骤 2. 认识目标论坛，了解发帖规则。目标论坛最火的板块是哪些，哪些板块适合发帖？在目标板块，别人怎么发广告帖，该论坛禁止的广告类型是什么？某论坛的部分发帖规则如图 5-3-2 所示。

步骤 3. 注册账号。论坛推广须有论坛账号，每个论坛至少注册 5 个账号（注册时不用同一个 IP），并及时完善账号资料，账号资料要符合论坛的用户习惯，如头像、性别等。用

网店开设与管理实训

Excel 记录所注册的账号，格式如表 5-3-1 所示。

序号	类别	网站/社区	论坛版块	链接
1	母婴亲子类	天涯论坛	亲子中心	查看
2		百度贴吧	纸尿裤吧	查看
3		广州妈妈论坛	婴幼育儿	查看
4		太平洋亲子网	新手妈妈	查看
5		摇篮社区	亲子论坛	查看
6		百度宝宝知道社区	宝宝用品	查看
7		39育儿论坛	婴幼育儿	查看
8		妈咪宝贝妈咪论坛	育儿心得	查看
9		宝宝树树下育儿社区	育儿百科	查看
10		百度贴吧	尿不湿吧	查看
11		百度贴吧	儿童纸尿裤吧	查看
12	杂谈灌水类	天涯论坛	灌水专区	查看
13		新浪	新浪杂谈	查看
14		中华网	社会百态	查看
15	消费购物类	我爱购物网	孕婴用品	查看
16		新浪	超级亲子团购	查看
17		55海淘闲谈	妈妈邦	查看
18		天涯论坛	我爱网购	查看

图 5-3-1　纸尿裤论坛列表

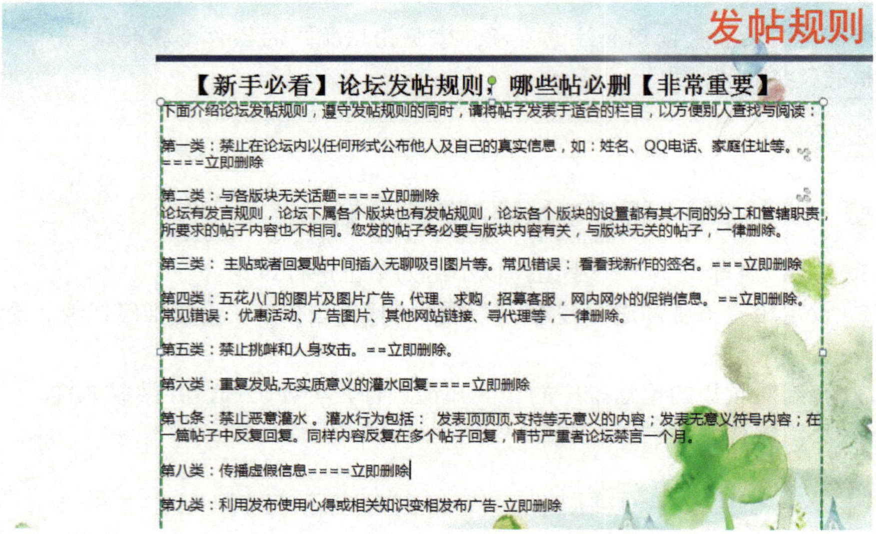

发帖规则

【新手必看】论坛发帖规则：哪些帖必删【非常重要】

下面介绍论坛发帖规则，遵守发帖规则的同时，请将帖子发表在适合的栏目，以方便别人查找与阅读。

第一类：禁止在论坛内以任何形式公布他人与自己的真实信息，如：姓名、QQ电话、家庭住址等。====立即删除

第二类：与各版块无关话题====立即删除。
论坛有发言规则，论坛下属各个版块也有发帖规则，论坛各个版块的设置都有其不同的分工和管辖职责，所要求的帖子内容也不相同。您发的帖子务必要与版块内容有关，与版块无关的帖子，一律删除。

第三类：主贴或者回复贴中间插入无聊吸引图片等。常见错误：看看我新作的签名。====立即删除。

第四类：五花八门的图片及图片广告，代理、求购，招募客服，网内外的促销信息。==立即删除。
常见错误：优惠活动、广告图片、其他网站链接、寻代理等，一律删除。

第五类：禁止挑衅和人身攻击。==立即删除。

第六类：重复发贴，无实质意义的灌水回复====立即删除。

第七条：禁止恶意灌水。灌水行为包括： 发表顶顶顶,支持等无意义的内容；发表无意义符号内容；在一篇帖子中反复回复。同样内容反复在多个帖子回复，情节严重者论坛禁言一个月。

第八类：传播虚假信息====立即删除

第九类：利用发布使用心得或相关知识变相发布广告-立即删除

图 5-3-2　某论坛的部分发帖规则

表 5-3-1　论坛注册账号记录表

序号	论坛名称	用户名	密码	等级	主号/小号	目标版块	备注
1							
2							
3							

步骤 4. 养账号，即提升注册账号的等级。可以先做一些论坛任务，回复别人的帖子，以提升账号的等级到可以发主题。

步骤 5. 准备内容。原创或转载修改都可以，内容包括标题、主帖内容和顶帖内容。一般情况下，只发一个主帖很难引发网友讨论和顶帖，所以除主帖内容外，在第一版的顶帖内容非常重要。用 Word 编辑保存帖子内容，如图 5-3-3 所示。

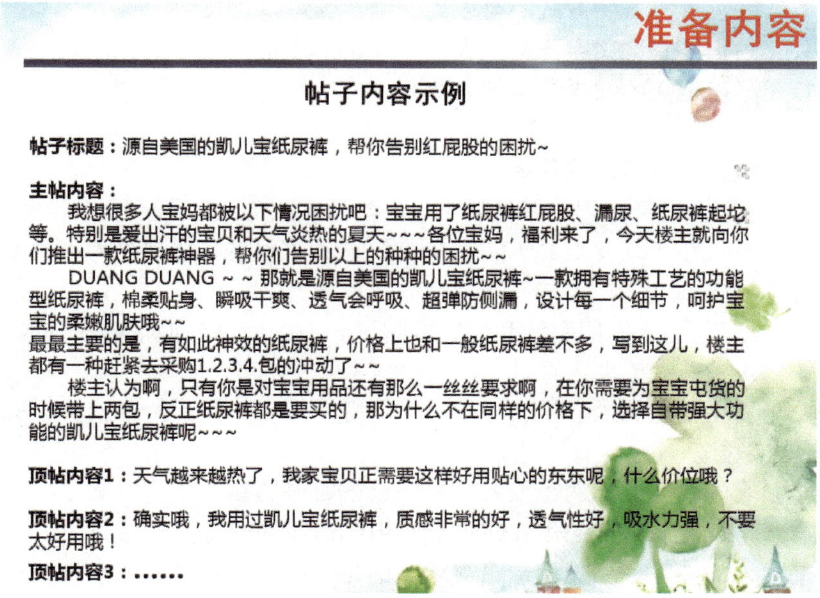
准备内容

帖子内容示例

帖子标题：源自美国的凯儿宝纸尿裤，帮你告别红屁股的困扰~

主帖内容：

我想很多人宝妈都被以下情况困扰吧：宝宝用了纸尿裤红屁股、漏尿、纸尿裤起坨等。特别是爱出汗的宝贝和天气炎热的夏天~~~各位宝妈，福利来了，今天楼主就向你们推出一款纸尿裤神器，帮你们告别以上的种种的困扰~~

DUANG DUANG ~ ~ 那就是源自美国的凯儿宝纸尿裤~一款拥有特殊工艺的功能型纸尿裤，棉柔贴身、瞬吸干爽、透气会呼吸、超弹防侧漏，设计每一个细节，呵护宝宝的柔嫩肌肤哦~~

最最主要的是，有如此神效的纸尿裤，价格上也和一般纸尿裤差不多，写到这儿，楼主都有一种赶紧去采购1.2.3.4.包的冲动了~~

楼主认为啊，只有你是对宝宝用品还有那么一丝丝要求啊，在你需要为宝宝屯货的时候带上两包，反正纸尿裤都是要买的，那为什么不在同样的价格下，选择自带强大功能的凯儿宝纸尿裤呢~~~

顶帖内容1：天气越来越热了，我家宝贝正需要这样好用贴心的东东呢，什么价位哦？

顶帖内容2：确实哦，我用过凯儿宝纸尿裤，质感非常的好，透气性好，吸水力强，不要太好用哦！

顶帖内容3：......

图 5-3-3 帖子内容

步骤 6. 发帖。登录多个目标论坛，选择相关板块，编辑好帖子内容，排版美化后就可以发表了。发帖后用 Excel 做好相应记录。发帖登记表如表 5-3-2 所示。

表 5-3-2 发贴登记表

序号	论坛名称	版块	发布日期	标题	发贴链接	备注	审核
1							
2							
3							

步骤 7. 维护帖子，建立人脉。人气旺的论坛，如果发帖后不及时维护，很快就会沉底，可以用马甲顶帖，引出话题，引发讨论。在论坛里多露脸、多互动、多顶帖、多回帖，多解答问题，争取成为论坛明星，并且和版主建立良好的关系。

步骤 8. 分析发贴效果。用 Excel 记录帖子的人气效果，如表 5-3-3 所示。

表 5-3-3 帖子的人气登记表

序号	论坛名称	发帖链接	浏览量	回复量	参与人数	备注（加精/置顶/被删）
1						
2						
3						

> 知识加油站

论坛推广相关知识

1. 论坛个性签名

论坛个性签名方式包括以下3种。

（1）文本签名。这种签名方式不可以用网址，仅可以用文字。

（2）图片签名。图片比文字更吸引人。

（3）链接签名。链接的效果非常好。

2. 论坛日常用语

（1）斑竹。版主，也可以写作板猪。

（2）马甲。注册会员又注册了其他名字，这些名字统称为马甲，与马甲相对的是主ID。

（3）灌水。原指在论坛发表的无阅读价值的帖子，现在习惯把绝大多数发帖、回帖统称为"灌水"，不含贬义。

（4）拍砖。发表与他人不同看法和理解的帖子。例如，网友们拍砖请注意口气和态度，否则很容易转化为人身攻击。

（5）楼主。发主题帖的人。

3. 论坛推广技巧

（1）有吸引人的标题。标题吸引人，帖子点击率自然高。

（2）内容有争议性。这里的争议是指能够引起讨论和辩论的。

（3）借助他人的热帖。要想创造出受欢迎的帖子不是一件容易的事情，可以在论坛上寻找一些回帖率高的帖子，再转帖到其他论坛，并在帖子的末尾加上自己的个性签名或自己的广告进行宣传。

（4）长帖短发。太长的帖子，不管它有多大吸引力都很少有人把它看完。

（5）发广告要巧妙。可以利用长帖短发方式，在后面的跟帖里发广告。

（6）用好头像和签名。头像既可以是能吸引人的头像，也可以是宣传自己品牌的头像，签名可以加入自己店铺的介绍和链接。

（7）用好回帖功能。如果要在回帖中发广告，则要争取前3位回帖。

（8）适当顶一下。为了帖子的气氛和人气，可用马甲顶一下，多回一些和产品无关的帖子，灌水也行。

3.【比一比】哪组论坛推广的效果更好

步骤1. 以小组为单位，展示小组论坛推广的效果。

步骤2. 小组说明论坛推广过程中遇到的问题。

步骤3. 各小组对论坛推广效果进行评价。

步骤4. 填写论坛推广效果评价表，如表5-3-1所示。

表5-3-1 论坛推广效果评价表

组 别	代 表 姓 名	论坛推广效果	论坛推广问题	整 体 评 价	备 注
1					
2					

续表

组　别	代 表 姓 名	论坛推广效果	论坛推广问题	整 体 评 价	备　　注
3					
4					
5					

活动 39　视频推广

活动描述

了解视频推广的相关知识，掌握视频推广的操作步骤和技巧。

活动实施

1.【搜一搜】在网上搜索视频推广的相关知识

步骤 1. 分组，4 个人为一个小组，以小组为单位进行讨论。

步骤 2. 用相关关键词进行搜索，关键词包括视频推广、视频推广优势、视频推广渠道等。收集视频推广的相关知识，如视频推广概念、优势及在什么平台发布等。

步骤 3. 小组对收集的素材进行归类及筛选，并做成 PPT。

步骤 4. 小组派代表发言。

2.【做一做】进行视频推广

步骤 1. 注册账号。注册主流视频平台账号，如优酷视频、土豆网、搜狐视频、爱奇艺视频、腾讯视频等。主流视频平台如图 5-3-4 所示。

图 5-3-4　主流视频平台

步骤 2. 制作营销视频。根据提供的视频和产品详情，利用剪辑软件"爱剪辑"将该视频处理成营销视频，并添加字幕"淘宝网搜索：最爱凯儿宝"。视频字幕的效果如图 5-3-5

所示。

步骤 3. 确定关键词，撰写视频标题。选择搜索热度高的关键词为该视频撰写标题，标题要符合用户的搜索习惯。可以借助关键词挖掘工具，如爱站网，以"纸尿裤"为关键词进行搜索，得到很多跟纸尿裤相关的长尾词，如图 5-3-6 所示。将得到的关键词组合成标题，如"什么品牌的纸尿裤好用？源自美国的凯儿宝纸尿裤"。

图 5-3-5　视频字幕的效果

图 5-3-6　关键词搜索结果

步骤 4. 发布视频。将该营销视频发布到优酷网、爱奇艺、搜狐视频、腾讯视频等视频网站，并按平台要求填写视频标题、简介等信息。

步骤 5. 视频评论维护。用其他账号对发布的视频进行评论，以提高该视频的关注度和参与度。可以发布以下评论。

（1）这款纸尿裤这么好啊，看得我都心动了，赶紧买来给我家宝贝试试。

（2）这款纸尿裤这么好，多少钱呢？
（3）有没有免费的试用装领取呢？好想试试呢！
（4）各位宝妈，我家宝贝用过了，我是在淘宝网搜索店铺"最爱凯儿宝"购买的，这款纸尿裤棉柔、透气，宝宝不会红屁股，晚上睡得特香呢！

知识加油站

常见的网络视频推广营销策略

1. 网友自创策略

网友的创造性是无穷的，在视频网站，网友们不再被动地接收各类信息，他们能自制短片，并上传，和别人分享。除浏览和上传视频外，网友还可以通过回帖就某个视频发表己见，并给它评分。因此，企业可以把广告片、有关品牌的元素、新产品信息等放到视频网站上，以吸引网友的参与。例如，向网友征集视频广告短片及新产品评价等，这样在网友获得收入的同时也获得了宣传机会。

2. 病毒营销

视频营销的优点在于传播精准，好的视频首先会让网友产生兴趣，从而关注该视频，再由关注者变为传播分享者，而被传播对象势必是有着和他相同特征的人。

网友看到一些经典、有趣、轻松的视频总是愿意主动传播的，通过网友自动自发地传播企业品牌信息，这样视频就会带着企业的信息像病毒一样在互联网上扩散。病毒营销的关键在于企业有好的、有价值的视频内容，并选择一些易感人群或意见领袖帮助传播。

3. 事件营销

事件营销一直是线下活动的热点，国内很多品牌依靠事件营销取得了成功。策划一个有影响力的事件，编制一个有意思的故事，并将这个故事拍摄成视频发布。有事件内容的视频更容易被网友传播，将事件营销思路放到视频营销上将会开辟新的营销思路。

4. 整合传播途径

由于每个用户的媒介和互联网接触行为的习惯不同，这使得单一的视频传播很难取得理想的效果。首先，视频营销需要在公司的网站上开辟专区，以吸引目标客户的关注，其次，跟主流的门户、视频网站合作，以提升视频的影响力。对互联网用户来说，线下活动和线下参与都是重要的一部分，因此通过互联网上的视频营销，整合线下活动、线下媒体等传播途径进行品牌宣传更加有效。

3.【比一比】哪组的视频推广最优秀

步骤1. 以小组为单位，展示视频推广的效果。
步骤2. 小组派代表分享视频推广中遇到的问题。
步骤3. 各小组对视频推广的效果进行评价。
步骤4. 填写视频推广效果评价表，如表5-3-2所示。

表 5-3-2　视频推广效果评价表

组　别	代表姓名	视频推广的效果	视频推广中遇到的问题	整体评价	备　注
1					
2					
3					
4					
5					

活动 40　朋友圈推广

活动描述

本活动将帮助同学们了解朋友圈推广的相关知识，掌握朋友圈推广的操作步骤和技巧，学会撰写软文。

活动实施

1.【搜一搜】在网上搜索朋友圈推广的相关知识

步骤 1. 分组，4 个人为一个小组，以小组为单位进行讨论。

步骤 2. 选择相关关键词进行搜索，关键词包括朋友圈推广、朋友圈推广优势、软文写作方法、社交推广等。收集朋友圈推广的相关知识，如朋友圈推广概念、优势、软文写作方法等。

步骤 3. 小组对收集的素材进行归类及筛选，并做成 PPT。

步骤 4. 小组派代表发言。

2.【做一做】进行朋友圈推广

步骤 1. 注册公众账号。打开微信公众平台主页，在主页右上角的登录窗口中输入邮箱、微信号或 QQ 号和密码即可进入微信公众号。如果没有注册过微信公众账号，则可以单击"立即注册"按钮，选择账号类型，按要求填写信息即可拥有微信公众账号。微信公众号注册界面如图 5-3-7 所示。

图 5-3-7　微信公众号注册界面

步骤 2. 发布目标客户关注的文章。如纸尿裤的目标客户是准妈妈、宝妈,她们都关心孩子的用品、护理、睡眠等育儿相关的内容,因此,多发以下标题的文章更能吸引她们的眼球。

(1) 宝宝发烧怎么办?一张图教你如何在家帮宝宝快速降温!
(2) 宝宝入睡困难,用这 5 招很有效。
(3) 纸尿裤尿满了才换!你这是把孩子往死里坑!
(4) 奶瓶和奶嘴用多久必须换?
(5) 鱼肝油、鱼油、维生素 AD 滴剂有什么区别?
(6) 要想宝宝少生病,夏季这 8 个带娃原则要注意!
(7) 换纸尿裤不注意这个,竟然会导致宝宝反复红屁股!

步骤 3. 撰写凯儿宝纸尿裤的软文,并发布在公众号上。软文既可以是以使用过此款纸尿裤的宝妈的口吻来写的文章,也可以是多款纸尿裤的测评。

步骤 4. 设计互动活动,提高产品的曝光度。设计试用品免费领取活动,如转发到朋友圈并集 68 个"赞"就可以免费领取凯儿宝试用装一份。活动内容如下。

给各位宝妈发福利了!

凡微信关注"最爱凯儿宝"公众号并转发此活动信息至朋友圈且发表评论"纸尿裤当然选美国品质凯儿宝",即可参与本次活动。

活动奖项:集得 68 个"赞"即可免费领取凯儿宝试用装一份。

步骤 5. 公众号的维护。定期更新内容,发布宝妈关心的文章,维持公众号与客户的黏度。

知识加油站

软文内容的书写技巧

写文章前,忘掉所有框架,一定不要压抑自己的灵感,想到什么就写什么;写完后,再按照以下框架整理。

1. 写痛点,获得共鸣

这篇文章触碰了买家的痛点,买家自然想阅读。例如,写面膜的文章,就写面膜没选好,会过敏之类的危害。

2. 写好处,展示远景

描述这样做能得到的好处,激发买家行动的意愿。例如,适合自己肌肤的面膜会如何改善皮肤。

3. 写过程,指导操作

教人一步一步操作,自然而然提升粉丝黏度。例如,写面膜的文章,可以教人如何挑选面膜。

4. 写诱惑,帮助传播

在文章结尾处写"如果你觉得有收获请转发到你的朋友圈"。这样能让文章更大地曝光。

或者"转发到朋友圈后截图给我领取使用方法、技巧、电子书"等。

3.【比一比】哪组朋友圈推广做得最优秀

步骤 1. 以小组为单位,展示小组朋友圈推广的效果。
步骤 2. 小组派代表分享小组观点。
步骤 3. 各小组对朋友圈推广的效果进行评价。
步骤 4. 填写朋友圈推广效果评价表,如表 5-3-3 所示。

表 5-3-3　朋友圈推广效果评价表

组　别	代 表 姓 名	朋友圈推广的效果	整 体 评 价	备　注
1				
2				
3				
4				
5				

项目总结

店铺推广的目的,一是吸引更多人关注,培养潜在客户;二是提高访问量及成交率;三是树立店铺的整体形象;四是打动老客户;五是提高店铺排名。要在众多店铺中脱颖而出,店铺排名必须靠前,店铺排名与信誉、流量、收藏量等因素有关,持续不断地推广,可以使信誉增长、收藏人数增多、流量增大,这是提高店铺排名的重要手段。排名越靠前的店铺,被买家看到的机会就越大,信誉越高的店铺,给买家的感觉就越可靠,这是一个良性循环的过程。本项目通过店铺和商品优化、利用站内活动推广、利用站外活动推广可提升店铺流量,从而提升成交率、提高店铺收益。

项目检测

一、单项选择题(每题只有一个正确答案,请将正确的答案填在题后的括号中)

1. 淘宝客和直通车最大的区别是(　　)。
    A. 都是淘宝平台的推广模式
    B. 前者按成交额计费,后者按点击量付费
    C. 都能让卖家更好地获取流量
    D. 都能定向推送给指定的目标用户
2. 直通车商品标题字数要求是多少个字以内?(　　)
    A. 15 个　　　　B. 10 个　　　　C. 20 个　　　　D. 25 个
3. 店内的宝贝数量要满足几件以上才可以上淘宝直通车?(　　)
    A. 10 件　　　　B. 15 件　　　　C. 20 件　　　　D. 30 件
4. 淘宝直通车是哪种计费方式?(　　)
    A. 按展示量付费(CPM)　　　　B. 按点击量付费(CPC)

C．按成交额付费（CPS） D．淘宝小二说了算

5. 在商品标题中，"数码相机"和"大码服装"都属于哪类关键词？（ ）
   A．品牌 B．属性 C．促销 D．评价
6. 经常更新文章以吸引读者、培养粉丝、扩大潜在客户群体，这是说哪种推广方式？（ ）
   A．友情链接 B．博客 C．淘客 D．微客
7. 提高店铺浏览率的方法有（ ）。
   A．添加友情链接 B．添加店铺商品橱窗推荐
   C．加入商盟 D．加入淘宝论坛
8. 淘宝提供给卖家的展示/推荐宝贝的位置之一是（ ）。
   A．店铺推荐 B．橱窗推荐
   C．阿里旺旺推荐 D．商盟推荐
9. 在网上提供一块公共电子白板，每个用户都可以在上面发布信息、讨论或聊天的是（ ）。
   A．发帖子 B．淘宝论坛 C．加入盟友 D．友情链接
10. 为方便淘宝卖家推广自己的宝贝，淘宝网为卖家量身定做的推广工具是（ ）。
    A．淘宝商盟 B．淘宝论坛 C．淘宝直通车 D．友情链接

二、综合实训

实训名称： 推广店铺

实训目的：

（1）掌握各种推广与营销方法。

（2）总结各种推广与营销技巧。

实训要求：

（1）利用旺铺功能、聊天工具及管理工具等进行店内推广与营销。

（2）利用淘宝的常规促销活动、直通车等进行站内推广与营销。

（3）利用淘宝客、辅助媒介、论坛及博客等进行站外推广与营销。

实训要求： 以4个人为一个小组。

实训步骤：

步骤1．发帖和转帖子到相关论坛。

将以下内容发布到某个人气较高的购物论坛上。标题为"淘宝购物者都想看的网站"，内容为"淘宝网综合频道"，集结淘宝最丰富的强势类目，精选最优质的卖家和商品；店铺导航频道，淘宝最优秀店铺精选；"皇冠店铺精选频道"，顶级皇冠或金冠的集合。

步骤2．使用借力法发布商品。

在品牌、名人、产品、促销和服务等借力法中选择一种，在商品发布过程中，成功运用到商品名称、图片和描述中。

步骤3．使用旺旺进行推广与营销。

（1）设置旺旺图片。

（2）设置旺旺签名档。

（3）设置旺旺自动回复。
（4）建立旺旺群。
（5）建立好友分组和好友备注信息。
步骤 4. 设置直通车。
（1）进入直通车后台。
（2）设置直通车的关键字。
步骤 5. 设置淘宝客佣金。
（1）设置淘宝客。
（2）设置淘宝客佣金，并推荐一款商品。

项目六

管理评价与客户服务

项目简介

本项目将从管理评价及客户服务（简称客服）两方面向同学们介绍店铺的数据分析、评价管理，以及订单的售前、售中及售后管理。学习完本项目，同学们将能够对评价管理、数据分析、订单处理、客服管理进行实际操作。

项目目标

- ➢ 掌握分析交易数据及通过数据分析优化店铺。
- ➢ 掌握评价管理。
- ➢ 掌握中差评处理方法。
- ➢ 掌握订单的售前、售中、售后管理。
- ➢ 提高自身职业素养，更好地为买家服务。

项目任务

任务1　管理评价和分析交易数据
任务2　管理订单及客服

任务 1　管理评价和分析交易数据

任务介绍

通过活动 41　管理评价，掌握对中差评的理性处理，分别从对商品不满、对服务不满、对物流不满，以及同行恶意竞争、差评师恶意评价等方面进行中差评处理；通过活动 42　分析交易数据，分析流量数据、销售数据及客户数据 3 方面，让同学们掌握如何通过分析交易数据优化店铺，从而增加店铺的销量和权重。

活动 41　管理评价

活动描述

评价的好坏直接影响一款产品的销量，好评率对宝贝及店铺至关重要。由于买家的心理预期各不相同，百分之百的好评率很难保证，但一个中差评可能毁掉一个爆款产品，因此，管理评价的重要性不言而喻。一款产品想要打造成爆款，在质量保证的基础上，处理好中差评至关重要。本活动将从产品、服务、物流、同行恶意竞争、差评师恶意评价这几方面解决中差评问题，利用评价进行反向营销，通过评价管理提高口碑，从而转换成销量。

活动实施

1.【搜一搜】在店铺中搜索中差评

步骤 1. 分组，4 个人为一个小组，以小组为单位讨论。
步骤 2. 以 "T 恤" 为关键词进行搜索，收集中差评案例。
步骤 3. 小组对案例进行汇总及筛选，讨论其优缺点。
步骤 4. 小组派代表发言。

2.【做一做】处理中差评

买家差评：好多天才收到货，太慢了，质量太差，太令人失望。
步骤 1. 小组讨论如何处理该差评。
步骤 2. 按照小组讨论的几种处理方法处理该差评。
步骤 3. 总结每种处理方法的利弊。
步骤 4. 小组派代表发言。

知识加油站

如何处理中差评

理性对待中差评，培养良好的心理素质及专业素质，自我调节情绪，提高自我控制能力及应对挫折的能力。在遇到问题时，能够独立处理、处事不惊、及时反应，同时，提高宽容和忍耐的能力。遇到中差评不焦不躁，端正心态之后，根据以下几种情况进行分析处理。

1. 买家不了解评价的重要性

部分买家不了解评价对商品及卖家的重要性，在没有达到百分之百满意时，会用相对中性或贬义的词语评价。对于这部分买家，客服人员可以通过旺旺沟通，用良好的语言积极地处理，告知买家评价对商品和店铺的重要性，引导买家修改中差评，或者追加良好评价。

2. 对商品不满意

对商品不满意而产生的中差评最为常见，质量不好、破损等商品自身问题容易产生中差评。对店铺来说，保证商品的质量是保证销量和打造爆款的基石。遇到对商品不满意而产生的中差评，首先要安抚买家情绪，进行必要的解释，切忌找借口。同时，提出解决办法，与买家协商处理，通过良好的售后及服务态度使买家逐渐改观，从而修改中差评或追加良性评价，例如，"卖家服务很好，马上进行了处理，现在很满意。"

3. 对商品期望过高

保证商品的质量并不代表能得到百分之百的好评，同样的商品，不同买家会给出不同评价。买家对商品心理预期过高，在收到商品时产生心理落差也会给出中差评，因此，通过合理的详情描述及良好的售前服务，适当地降低买家对商品的心理预期是必要的。如果出现因对商品期望过高而产生的中差评，则应该引导顾客从价格及商品本身进行分析，突出商品的性价比，并提出合理的解决方案。

4. 对服务不满意

买家对服务不满意而产生的中差评主要集中在售前服务，以及在出现问题时，客服人员态度不好，让买家感到不满。对于这类服务差评，需要对客服人员进行培训，向买家做出道歉，以取得买家原谅，从而修改中差评。但是，优质的服务同样会有买家不满意的情况，此类买家主要为 VIP 买家，有着根深蒂固的客户就是上帝的思想。针对这类买家，提出实际的好处进行处理是较为有效的方式。

5. 对快递不满意

选择一家优质的快递公司是保证物流的关键。如果在物流上出现问题，卖家则应及时跟进物流，并及时将物流情况反馈给买家，做到及时有效、有责任心，即使对物流有一些不满，买家也会考虑卖家的责任心而慎重做出评价。对于快递破损导致的商品问题，首先，卖家应该提前向客户说明如遇此类问题，请先拒收，其次，卖家应积极与物流公司及买家协商处理。如果因为疏忽，没有做好物流跟进、反馈而产生的中差评，客服人员应认真听取买家意见或提出合理补偿，以取得买家原谅。

6. 同行恶意竞争

在同一平台上，一种商品不只有一个卖家，很多店铺售卖同款商品，店铺之间存在竞争，良性的同行竞争有助于共同发展。但是，同行之间存在恶意竞争，对方购买商品并给出中差评，拉低 DSR，从而抹黑店铺，拉低店铺销量。对于同行恶意竞争，如果能找到相关证据，则可以向淘宝网官方投诉，但是取证一般较为困难。因此，只有掌握同行信息，知己知彼，及时对订单信息进行排查，才能更好地规避同行的恶意竞争。如果遇到同行恶意竞争但又没有证据，联系买家基本没有作用，则可以通过在卖家回复中进行合理地解释，以降低同行恶意竞争带来的负面影响。

7. 差评师恶意差评

有些买家要求卖家添加其微信等第三方聊天工具，通过差评要挟卖家，从而取得钱财，这类买家被称为"差评师"。提前规避这部分人群成为店内买家是不被要挟的前提。这类账号一般是新账号，通常未进行实名认证。对于这类买家的订单，可以以缺货等作为理由，在旺旺告知买家取消订单，并且不发货。如果并未识别且已发货，则可以利用旺旺聊天工具取得证据进行投诉。如果该买家账号的中差评较多，则可以截图要求淘宝小二介入调查。如果无法取得证据，则应了解对方条件并根据自身情况斟酌处理，尽量减少损失。

3.【说一说】实战修改中差评

步骤 1. 以小组为单位，小组成员分为买家与卖家两种角色，实战修改中差评。
步骤 2. 分析不同类型的中差评应对方法。
步骤 3. 小组汇总分析结果。
步骤 4. 小组派代表分享小组观点。

活动 42　分析交易数据

活动描述

本活动通过分析流量数据、销售数据及客户数据讲解如何通过分析交易数据，发现问题，提出解决方法，优化商品及店铺，从而增加商品的权重、店铺的权重及销量。

活动实施

1.【搜一搜】在店铺中搜索交易数据

步骤 1. 分组，4 个人为一个小组，以小组为单位进行讨论。
步骤 2. 在店铺中搜索并收集交易数据。
步骤 3. 对收集的交易数据进行筛选及汇总。
步骤 4. 小组派代表发言。

2.【做一做】根据交易数据优化店铺或商品

步骤 1. 流量数据分析。

选择"卖家中心"→"生意参谋"→"流量"选项，打开"流量看板"，如图 6-1-1 所示。

在"流量看板"中查看访客数及浏览量,以此推算出人均浏览量,根据人均浏览量分析商品详情及主图能否吸引买家,从而优化商品详情及主图。在优化商品详情及主图后,再次关注流量看板,查看改进效果。

图 6-1-1　流量看板

步骤 2. 流量来源分析。

选择"卖家中心"→"生意参谋"→"流量"→"流量来源"选项,查看无线端及 PC 端的流量来源,如图 6-1-2 所示。根据主要流量来源推出相应活动,以增强活动的有效性。

图 6-1-2　流量来源

步骤 3. 流量趋势分析。

查看"流量趋势"可掌握近两日数据,如图 6-1-3 所示。通过该图可掌握商品发展趋势,如果经过优化,则可查看优化效果。在优化后,如果呈现上升趋势,则表示优化得当,商品销售情况良性发展；如果呈现下降趋势，则需要再次优化。

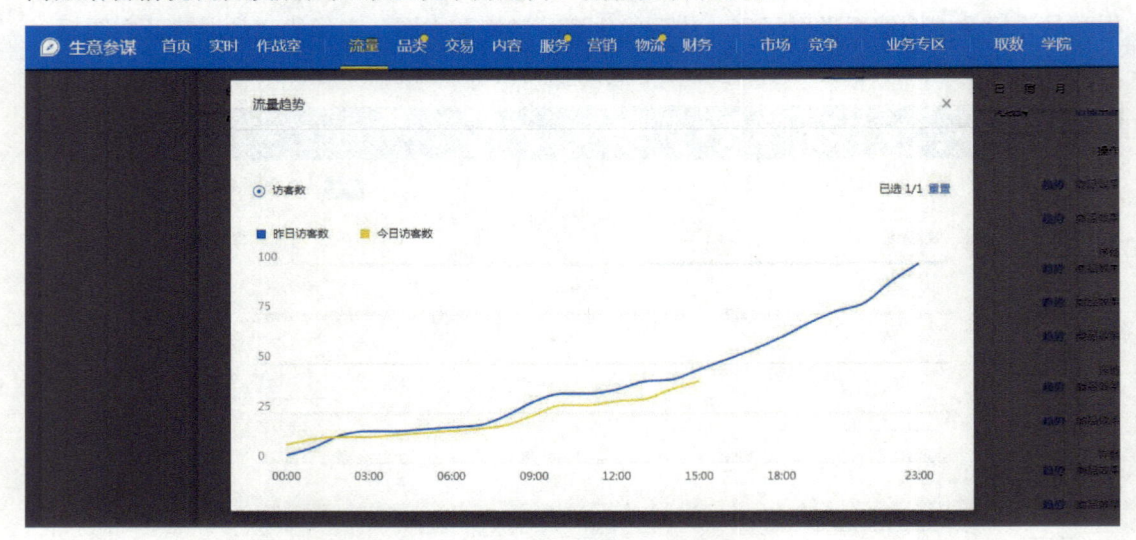

图 6-1-3　流量趋势

步骤 4．单品销售数据分析。

选择"卖家中心"→"生意参谋"→"流量"→"商品流量排行"→"单品分析"选项，分析无线端及 PC 端的单品销售数据，选择适合该单品的上、下架时间。销售分析如图 6-1-4 所示。

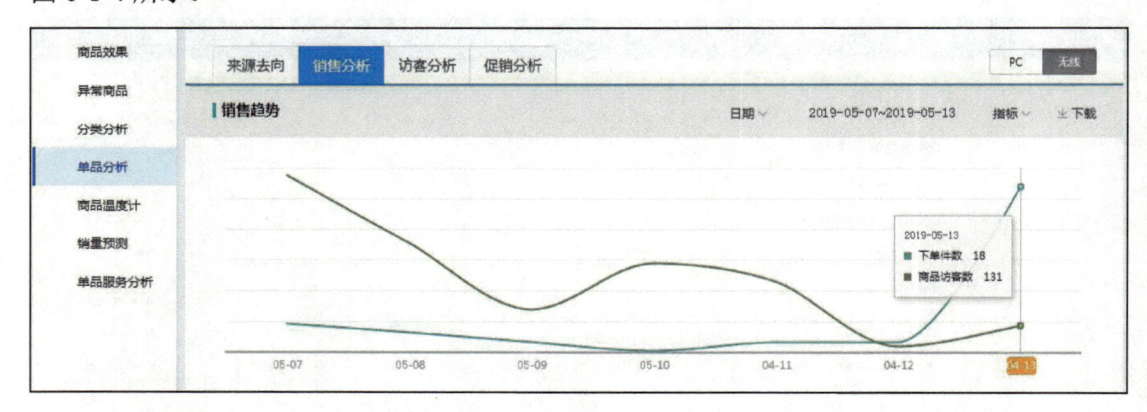

图 6-1-4　销售分析

步骤 5．访客数据分析。

选择"卖家中心"→"生意参谋"→"流量"→"商品流量排行"→"单品分析"→"访客分析"选项，查看并分析无线端及 PC 端的访客数据，如图 6-1-5 所示。根据访客数据选择最佳上、下架时间。分析该图选择上、下架时间为 12:00～14:00 及 16:00～18:00。

步骤 6．关键词分析。

选择"千牛卖家工作台"→"阿里万象"→"阿里指数"选项，可根据排行榜查看搜索词排行榜，根据搜索词排行合理选择商品类目，修改宝贝标题中的关键词，以提高宝贝的搜索权重。搜索词排行榜如图 6-1-6 所示。

管理评价与客户服务　项目六

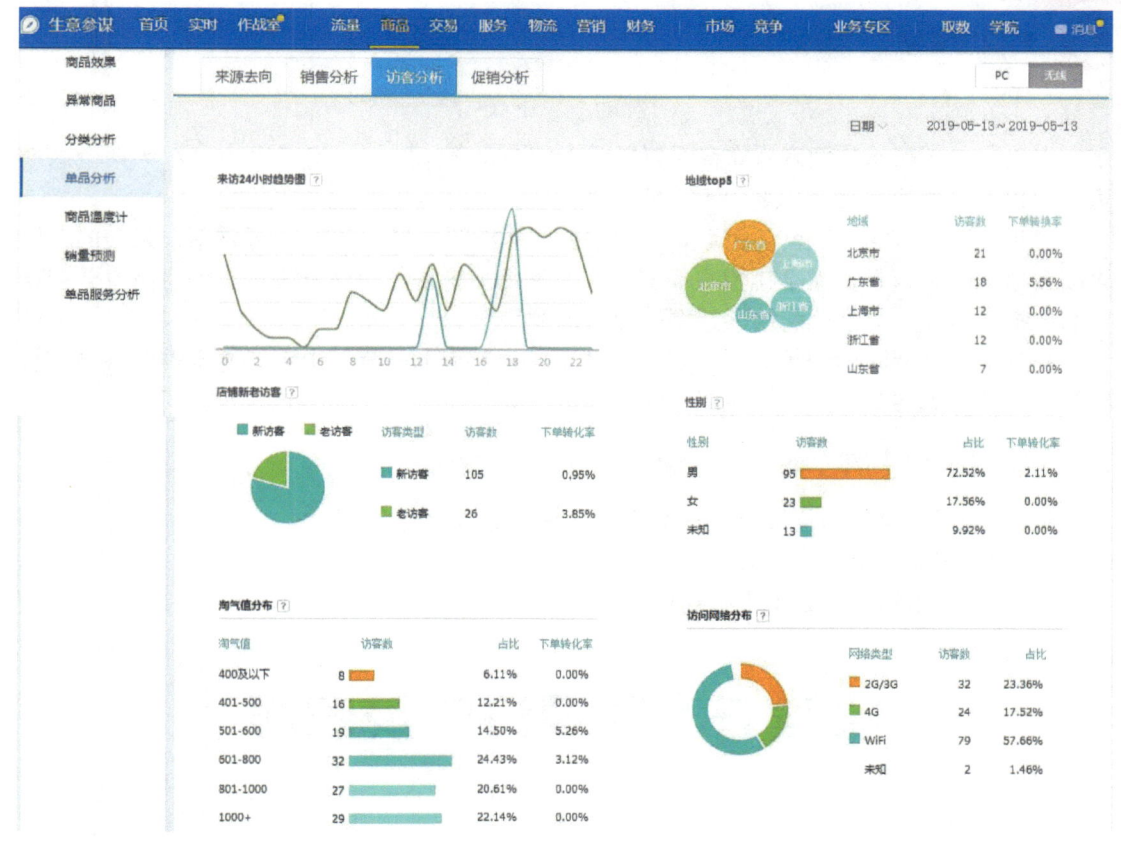

图 6-1-5　访客分析

图 6-1-6　搜索词排行榜

153

网店开设与管理实训

> **知识加油站**
>
> **自动上、下架**
>
> 自动上、下架是在卖家发布商品时就设置好自动下架时间，有 7 天和 14 天两个周期可选，根据最新的淘宝网规则，一般默认为 7 天。
>
> 宝贝上架只有第一次需要手动，7 天后会自动重新上架，在第 7 天重新上架前的一段时间会增加搜索权重，搜索排名会靠前排，买家更加容易看到这类宝贝。除将橱窗分配给重点主推宝贝外，其余分配给下架倒计时排前的宝贝。
>
> 将宝贝的上架时间间隔开，保证一周 7 天每天都有商品重新上架，并根据访客访问较多及成交量较高的时间段，设置好上架时间。

3.【说一说】哪个转化率分析优化方案更有效

步骤 1. 以小组为单位讨论、分析"转化率"交易数据。
步骤 2. 根据小组讨论结果，提出有效的优化方案。
步骤 3. 小组派代表分享小组观点。

任务 2　管理订单及客服

任务介绍

本任务将通过对客服的三个阶段的管理，为店铺经营做好准备。通过活动 43　售前服务，在售前打消买家对商品、店铺及服务的疑虑，从而通过售前服务提高转化率；通过活动 44　售中服务，更好地应对售中可能出现的问题，以提供更好的服务；通过活动 45　售后服务，使同学们掌握如何通过售后服务更好地留住买家，并使其转化为忠实买家，同时吸引新买家，增加店铺粉丝，从而增加店铺的销量。

活动 43　售前服务

活动描述

如何通过售前服务打消买家的疑虑，将买家的咨询转化为下单，以提高转化率。对于买家提出的问题，如何回复呢？

活动实施

1.【搜一搜】在网上搜索售前服务案例

步骤 1. 分组，4 个人为一个小组，以小组为单位进行讨论。
步骤2. 以"T 恤"为关键词进行搜索，收集售前服务案例，案例分为好的售前服务和差的售前服务两种。

步骤3. 小组对收集的案例进行汇总及筛选,并讨论它们的优缺点。

步骤4. 小组派代表发言。

2.【做一做】售前服务

步骤1. 下载卖家客服客户端"千牛"并安装,设置基本信息。

步骤2. 设置"千牛"客户端中的"自动回复""催付""核对订单"等功能。

步骤3. 小组内分角色(买家和卖家)实战,买家查看卖家的商品并咨询,卖家熟悉商品并回复买家的问题。每组选择不同商品,围绕商品的质量、价格等方面询问卖家。

步骤4. 小组派代表发言。

知识加油站

售前服务要注意的问题

1. 不可过度亲切

在售前服务中,回复语言不可过度亲切。对待买家的态度需要亲切热情,但切忌过度亲切,亲切过度反而不够得体。

2. 不可过于卑微

在售前服务中,把自己放在卑微的位置不仅会增加买家对商品的疑虑,还会增加买家在沟通中的压力。

3. 切忌回复一个字

在客户服务过程中,简单回复一个字,如好、嗯、哦等,顾客会感到客服过于懒散、敷衍。

4. 熟悉商品

客服人员对商品清晰掌握并在回复买家的过程中详细回答,能增强买家对商品及店铺的信任。

5. 了解买家的需求

客服人员耐心倾听并准确分析,准确地掌握买家需求并提供相应的服务,可打消买家的疑惑。

6. 适当降低买家对商品的心理预期

在售前服务中,通过交流沟通,适当降低买家对商品的心理预期,让买家合理预估商品,这样既有助于买家正确购买,也可以降低中差评。

3.【说一说】怎样的售前服务顾客满意度较高

步骤1. 以小组为单位,讨论在售前服务中买家提出问题的心理和期望得到的回复,以及在收到回复后的心理。

步骤2. 对比各小组卖家的回复,评选出最佳售前服务,并讨论如何更好地进行售前服务。

步骤3. 小组派代表分享小组观点。

网店开设与管理实训

活动 44　售中服务

🌱 活动描述

本活动将了解售中服务，售中会出现支付、发货、物流等问题，对各种问题进行及时处理、反馈，以提高买家的满意度。

📖 活动实施

1.【搜一搜】在网上搜索售中服务案例

步骤 1. 分组，4 个人为一个小组，以小组为单位进行讨论。

步骤 2. 以 "T 恤" 为关键词进行搜索，收集售中服务案例，案例分为好的售中服务和差的售中服务两种。

步骤 3. 小组对收集的案例进行汇总及筛选，并讨论它们的优缺点。

步骤 4. 小组派代表发言。

2.【做一做】售中服务

买家收到宝贝，可能遇到有污迹、穿着效果不佳、不喜欢、尺寸不符等售中问题，如何做好售中服务呢？

步骤 1. 小组内分角色（买家和卖家）实战。

步骤 2. 买家选择不同的商品购买。

步骤 3. 买家分别从支付问题、发货问题、物流问题、质量问题、服务等方面询问卖家，卖家提供客服。

步骤 4. 小组派代表发言。

⛽ 知识加油站

售中服务中的问题

1. 支付问题

只有完全掌握各种支付方式，才能更好地应对买家可能出现的支付问题。目前主要的支付方式有支付宝付款、网银付款、找人代付及分期支付等。

买家在购买过程中出现问题，需协助买家解决问题，以提高买家的满意度。

2. 发货问题

在 "卖家中心" 中的运费模板设置合适的发货时间，发货时间包括 4 小时、8 小时、12 小时、24 小时、3 天、10 天等，最长发货时间可设置为 45 天。在发货时间内发货可避免发货纠纷，提高买家的满意度，如果不能在发货时间内发货，则需提前向买家说明情况并约定发货时间。如果不能在发货时间内发货且没有提前通知买家，则买家可进行投诉并取得相应赔偿。

3. 物流问题

卖家发货后，商品进入物流环节，并由物流部门进行运输派送。在运输过程中及时跟进物流状态，对于物流延迟等情况应及时处理并向买家反馈，在买家询问物流时，应及时回复，得不到及时回复会使买家购买体验下降，产生中差评，从而直接影响店铺销量。

对于商品在运输过程中发生的破损问题，应该提前告知买家，如果商品在运输过程中发生破损，买家则可以拒签，并且联系客服处理。

3.【说一说】哪种售中服务买家满意度更高

步骤1. 以小组为单位，展示对不同问题的处理及回复。
步骤2. 小组派代表分享处理方法及服务过程。

活动 45　售后服务

活动描述

本活动将了解客户服务中的售后服务，售后会出现质量、使用方法等问题，针对这些问题培养客服人员的个人修养、心理素质、专业素质。

活动实施

1.【搜一搜】在网上搜索售后服务案例

步骤1. 分组，4个人为一个小组，以小组为单位进行讨论。
步骤2. 以"T恤"为关键词进行搜索，收集售后服务案例，案例分为好的售后服务和差的售后服务两种。
步骤3. 小组对收集的案例进行汇总及筛选，并讨论它们的优缺点。
步骤4. 小组派代表发言。

2.【做一做】售后服务

收到商品并使用一段时间后出现质量问题，买家联系卖家处理。
步骤1. 小组内分角色（买家和卖家）实战。
步骤2. 买家分别选择从质量及售后服务等问题询问卖家，卖家提供客服。
步骤3. 小组派代表发言。

知识加油站

售后服务中的质量问题及客服人员的素质培养

1. 质量问题

商品的质量直接影响买家的使用体验，买家在使用过程中质量出现问题并询问客服人员，客服人员应及时处理。买家在咨询时已经有一定的不满情绪，客服人员应耐心倾听买家的抱怨，同时通过买家反馈的照片，辨别照片真伪，以及是否由人为因素造成，合理解决问题，尽量满足买家需求，避免买家的不满情绪转化为中差评。

2. 客服人员的素质培养

主动询问买家使用情况及商品质量情况，以提升客户体验。买家因质量或使用方法出现不满或抱怨时，在交谈过程中，客服人员须耐心的倾听，不要急着辩解，理解买家的情绪，肯定买家的情绪，及时处理并跟进，将处理情况及时反馈给买家。同时，在买家出现不良情绪时应加以引导，这需要培养个人修养，提高宽容和忍耐度。在专业素质方面，培养良好的语言表达能力、独立工作能力、解决问题能力。对待买家的态度，要有较好的心理素质，能够处变不惊，同时进行自我情绪调节和控制，为买家提出合理的解决方案，缓和买家的情绪，为买家营造良好的购物体验。

3.【说一说】哪种售后服务顾客满意度高

步骤 1. 以小组为单位，展示对不同问题的处理及回复。
步骤 2. 小组派代表分享处理方法及服务过程。

项目总结

本项目中，从管理评价和客户服务两方面介绍了店铺数据的分析、评价管理，以及订单的售前、售中、售后处理。学习完本项目，同学们能够对管理评价、数据分析、订单处理、客服管理进行实际操作。

项目检测

一、判断题（正确的画"√"，错误的画"×"）

1. 收到顾客的退款退货申请，应立即同意买家申请。（   ）
2. 在确认收到买家的退货后，应立即退款。（   ）
3. 淘宝网规定在双方互评 48 小时后，买家可以对评价做出修改。（   ）
4. 差评师的账号星级较高。（   ）
5. 对于新手买家因不了解评价的重要性而给出的中差评，客服人员应该及时联系买家并引导买家修改或追评。（   ）

二、单项选择题（每题只有一个正确答案，请将正确的答案填在题后的括号中）

1. 搜索热门关键词主要是（   ）。
   A．销售上升榜　　　　　　　　　B．搜索上升榜
   C．搜索热门排行　　　　　　　　D．品牌热门排行
2. 关键词之间的空格应该（   ）。
   A．有搜索优势　　　　　　　　　B．没有搜索优势
   C．有没有效果都一样　　　　　　D．多加空格
3. 应该选择怎样的关键词组合？（   ）

A. 搜索指数大+竞争宝贝数少　　B. 搜索指数大+竞争宝贝数多
C. 搜索指数小+竞争宝贝数少　　D. 搜索指数小+竞争宝贝数多

4. 买家给出中差评最常见的原因是（　　）。

A. 对快递不满　　　　　　　　B. 同行恶意竞争
C. 差评师恶意评价　　　　　　D. 对商品不满

5. 哪种方式是不恰当的？（　　）

A. 设置自动回复欢迎语　　　　B. 了解顾客需求
C. 回答一个字"在"　　　　　D. 不打断顾客

三、合作实训

实训名称：以"T恤"为例，制订一款商品的关键词组合。

实训目的：分析淘宝排行榜，制订最佳关键词组合。

实训要求：以4个人为一个小组，分析商品的关键词并制订最佳关键词组合。

步骤1. 任命一名活动小组长，明确组员分工。

步骤2. 分析搜索涨幅榜、排行榜等。

步骤3. 以小组为单位组合关键词。

步骤4. 全班对比分析每组制定的关键词的优缺点。

步骤5. 评选最佳关键词组合。

步骤6. 发布关键词并查看效果。

步骤7. 实训小结

项目七
理货入库和打包配送

项目简介

本项目将从验收理货、编号入库、商品打包、发货处理 4 方面给同学们介绍理货入库和打包配送的相关知识。

项目目标

- 了解 ERP 系统网店管家 3.0。
- 了解理货、配送的概念及方式。
- 掌握商品编号的技巧。
- 熟悉入库理货的操作流程。
- 能够进行正确的货物堆码。
- 能够利用手持设备完成理货作业。
- 熟练操作商品入库登记技巧。
- 能够选择适当的物流方式,以及熟悉配送流程。

项目任务

任务 1　理货入库
任务 2　商品配送

任务 1　理货入库

任务介绍

"双 11"期间订单如雪片般飞来，李勇和同组的王丽、张军、钟珊又喜又怕，因为面对这么多订单，完全人工整理库存、采购货物、验收理货等很难做到。然而一次偶然的机会他们了解到处理货物库存其实没有那么困难，轻轻松松就能完成的秘诀是使用 ERP 系统，因此，他们也准备订购 ERP 系统，通过使用 ERP 系统代替人工编号入库、验收理货等工作。

活动 46　验收理货

活动描述

4 位同学通过对比多个 ERP 系统软件最终确定使用网店管家 3.0。

知识窗

验收理货的流程如图 7-1-1 所示。

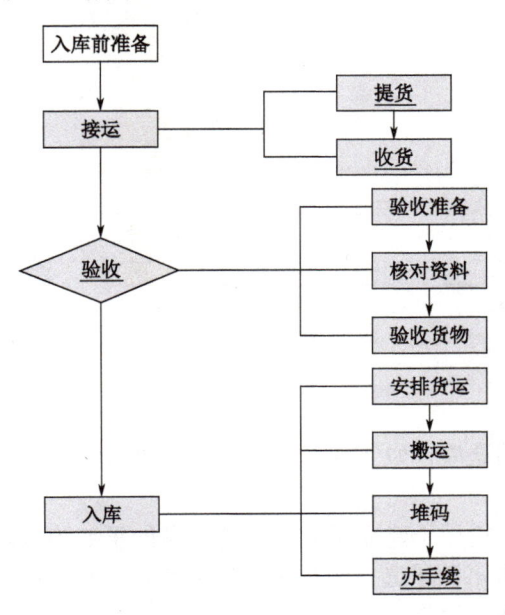

图 7-1-1　验收理货的流程

1．到库验货

采购订单审核后，商家单击"采购"→"采购单查询"→"导出"或"打印"按钮，将采购单信息发送给供货商。供货商根据采购信息供货后，进入商家的"到库验货"环节，该环节有以下 3 个工作。

（1）质检。商家对供货商发来的货品进行质量检查。

（2）清点数量。商家对质检通过拟入库的货品进行数量清点。

（3）开验货单。验货单是网店管家 3.0 新支持的一个采购流程环节，此环节对仓库收货人员（只管数量）和采购结算人员（掌握采购价格和数量）有着清晰的分工。仓库收货人员通过开验货单来保存合格的采购货品数量记录，而采购结算人员通过引用验货单来完成采购结算和入库操作。如果用户没有做这一分工，则可忽略此步骤，直接进入"入库结算"环节。

在"到库验货"界面对拟入库的合格货品进行采购入库开单操作，如图 7-1-2 所示。

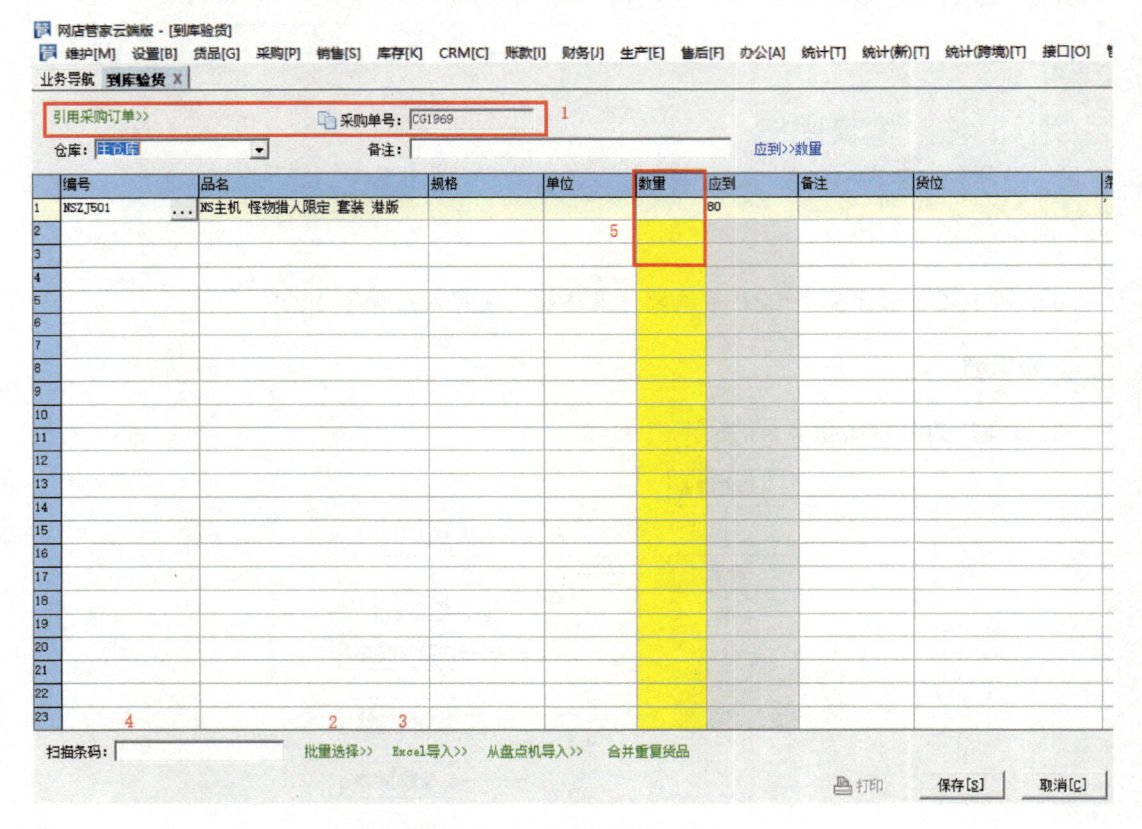

图 7-1-2　"到库验货"界面

首先选择采购货品的仓库，如"暂存仓"，然后添加验货货品信息。添加验货货品信息有以下 3 种方式。

（1）由采购单导入。适用于建立了采购单的货品的采购验货。

（2）批量选择。单击"批量选择"按钮，直接在货品目录中添加到库的货品资料，适用于没有建立采购单的采购验货。

（3）从 Excel 导入。根据网店管家 3.0 提供的 Excel 表格模板建立货品的入库 Excel 工作表，利用"excel 导入"完成验货货品资料的导入。

添加验货货品信息后，输入质检合格货品的数量。输入方式有以下 2 种。

（1）扫描条码。用扫描枪扫描货品的条码来逐个输入数量（此工作可用于检查货品条码有没有贴对）。

（2）手工输入。直接在"数量"栏中手工输入质检合格的货品数量。用户也可以单击"应到"→"数量"按钮将应到的货品数量直接复制到"数量"栏，通过修改完成合格货品数量的快速登记。

2．入库结算

入库结算即对货品采购做采购结算和入库单生成操作，采购业务在完成这一步后，货品才在系统中完成入库（设置了"入库需审核"的用户需在入库审核后才能实现系统库存的增加），如图 7-1-3 所示。

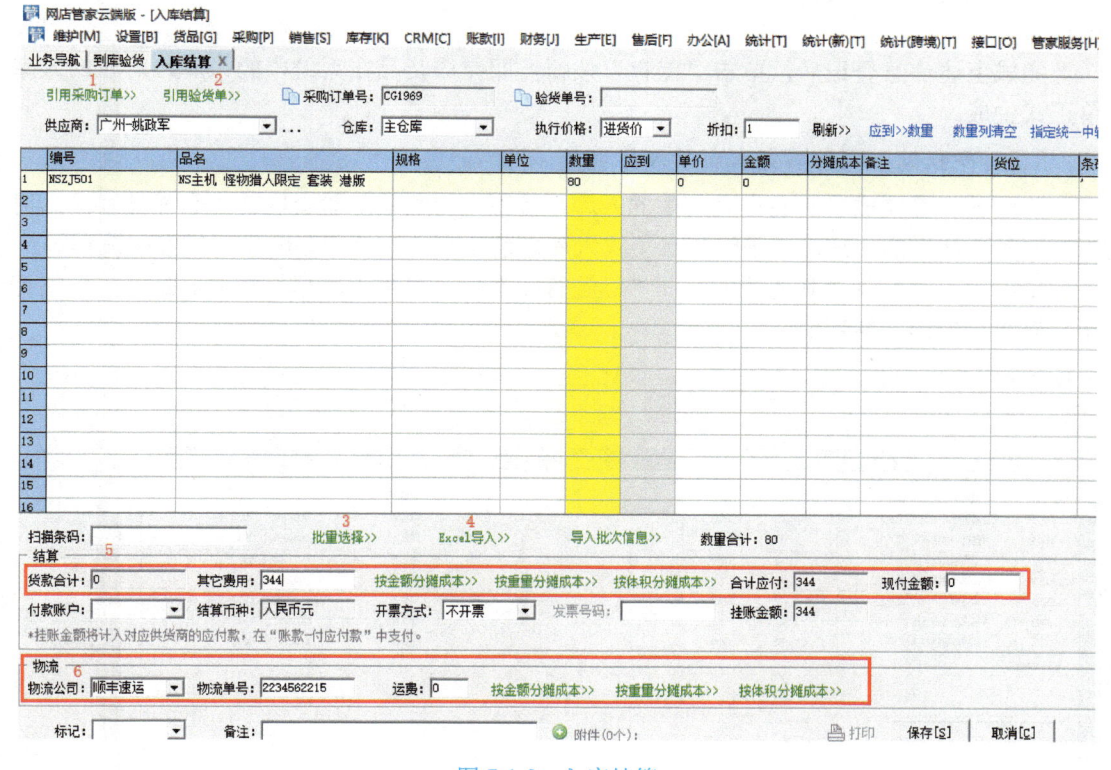

图 7-1-3　入库结算

导入采购货品资料。根据用户内部管理模式和采购方式的不同，采购入库结算中货品资料导入方式有以下 4 种。

（1）引用采购订单。适用于做了采购单，但没有在"到库验货"中开验货单的管理模式。

（2）引用验货单。适用于已经在"到库验货"开验货单的管理模式。

（3）批量选择。适用于临时采购，即没有做采购单和验货单业务的采购方式，此模式下用户可以手工批量添加采购货品资料。

（4）Excel 导入。适用于没做采购单，只有简单的采购表格的管理模式。

采购入库结算中货品资料导入后，用户还需做入库结算中的结算和物流信息登记。

（1）结算。

其他费用。记录采购过程中发生的其他支出，如采购人员差旅费等。需要注意的是，如果供货商发货预支货品运费，但由采购商家来承担，则应把货品运费记入"其他费用"中。

分摊成本。将其他费用平均分摊到采购货品的成本价中，以便商家更精确地计算货品的采购成本。

现付金额。采购业务中以现金方式结算的金额。

付款账户和挂账金额。在采购结算中，未以现金方式支付的剩余金额统一采用挂账的方式，进入"账款"→"付款开单"→"付应付款"中结算。

（2）物流。

如果供货商采用采购商到付（由采购商支付运费给物流公司）的发货方式，用户可在此添加物流费用和物流公司。物流费用统一在"账款"→"对账结算"→"货运费结算"中结算。

完成上述信息登记后，单击"保存"按钮，即完成货品在系统中的入库，对应的入库单正式生成。

3．打印张贴条码标签完成实际入库

前面的步骤完成了货品在系统中的入库，接下来将货品从验货区转入仓库储存区。对于自建条码体系的用户，在采购货品正式入库之前还有一个打印张贴条码标签的流程。

单击"库存"→"其他业务"→"标签打印"→"引用入库单"按钮，打开"标签打印"界面，如图7-1-4所示。

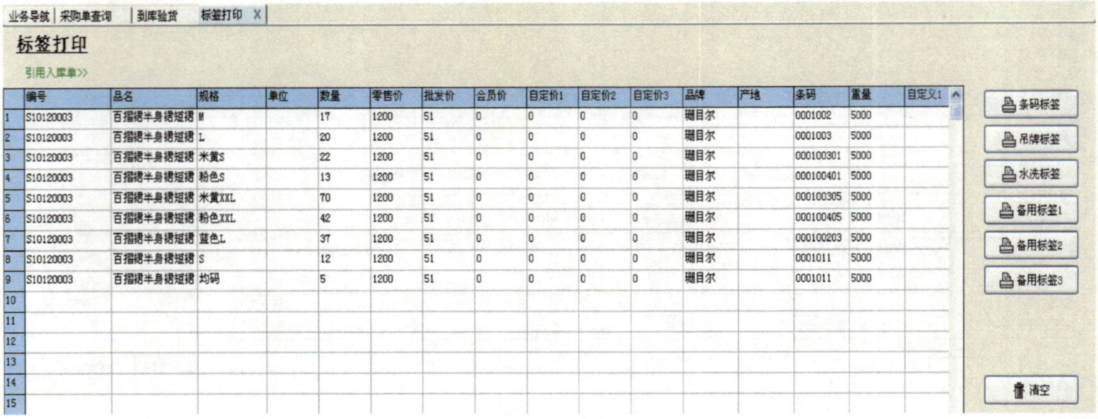

图 7-1-4 "标签打印"界面

"标签打印"界面显示对应入库单的货品信息及数量（用户可自行编辑所需打印的标签数量），在界面右侧单击所需打印的货品标签类型，即可执行所有显示货品的标签批量打印操作。

需要事先张贴条码来支持扫描入库操作的用户，可在"库存"→"其他业务"→"标签打印"界面中手工添加货品来提前打印货品条码标签（此时货品还未入库，无法调用入库单。）

完成货品标签打印后，先将标签张贴到货品上，然后将货品转移到采购入库单所示的库区，即完成采购货品的实际入库作业。

活动实施

1.【搜一搜】梳理验收理货的流程

步骤 1. 分组，4 个人为一个小组，以小组为单位进行讨论。
步骤 2. 小组讨论并梳理网店管家 3.0 验收理货的流程。
步骤 3. 小组派代表发言。

2.【做一做】通过实例梳理验收理货

步骤 1. 以女装连衣裙为例梳理验收理货的流程及注意事项。
分析：验收理货包括检验商品、编写货号、仓储管理、入库登记、分类包装等操作。
步骤 2. 总结网店管家 3.0 验收理货的流程，包括店铺的采购、销售、库存跟网店管家 3.0 对接流程，如图 7-1-5～图 7-1-7 所示。
分析：使用网店管家 3.0，只需系统与店铺后台关联即可。

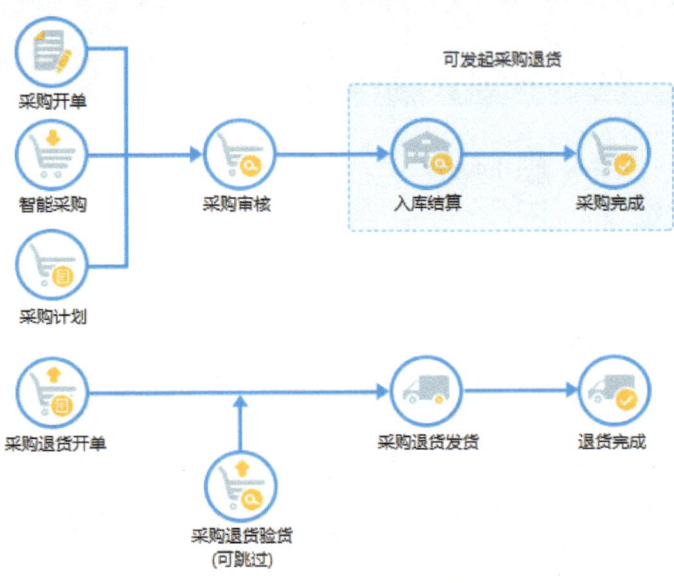

图 7-1-5　店铺的采购跟网店管家 3.0 对接流程

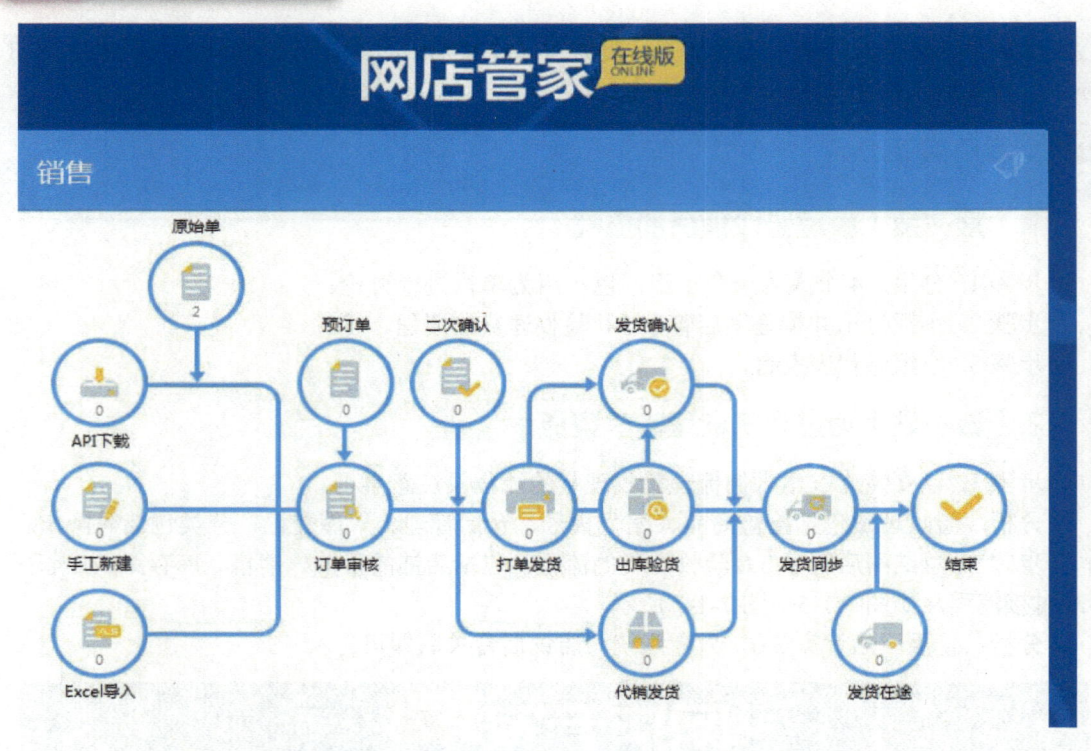

图 7-1-6　店铺的销售跟网店管家 3.0 对接流程

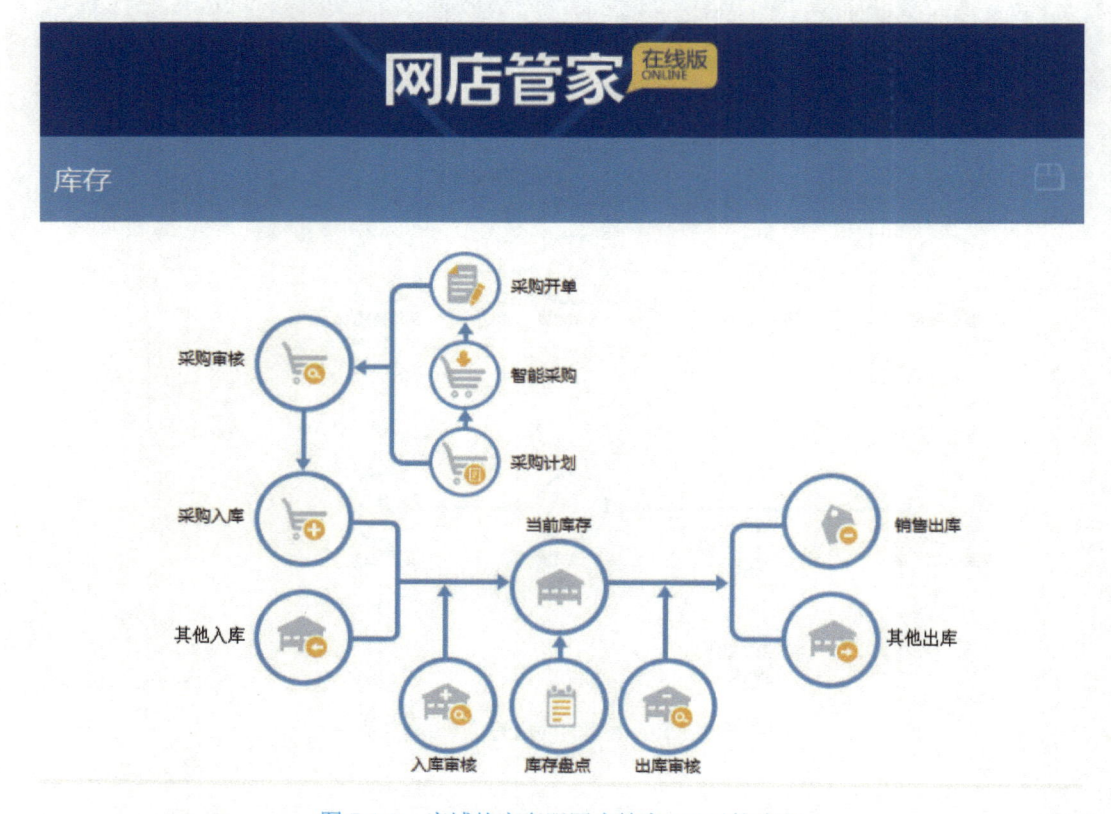

图 7-1-7　店铺的库存跟网店管家 3.0 对接流程

知识加油站

网店管家 3.0

《电子商务 ERP 网店管家 3.0》是一款面向 B2C、C2C 商家，专注于电子商务进销存管理的软件。软件涵盖销售订单处理、采购、仓储、CRM、账款和售后等电子商务企业后端全业务体系的支撑功能，基本满足电子商务企业在业务运营过程中的管理需求。

在原有《网店管家 2.1》版本以高效订单处理方式为核心的基础上，《网店管家 3.0》提升了以下功能。

1. IP、域名、商号多种数据接入方式，数据存储更灵活。
2. 多仓库、多仓库功能区。
3. 短信平台、400 电话平台。
4. 发票订单、现金订单、代发货订单、银行汇款订单、计应收款订单、代收款订单、折扣订单、免运费订单等多种订单类型的财务审核。
5. 代销发货、委外发货、预订单管理。
6. 客户数据深度挖掘和更具针对性的销售回访策略设置。
7. BOM 物流管理。
8. 分业务设置系统操作参数，业务逻辑更贴切商家的实际需求。
9. 支持销售增长趋势设定条件下的智能采购。
10. 通道调度。
11. 发货出库灵活与严谨自由选择，适合不同产品的出库管理。
12. 全面启用订单物流跟踪功能。
13. 库存存档功能，可以更清晰梳理库存的变化脉络。
14. 信息自动通知策略设置，让工作提醒更及时。
15. 实时看板，实时查看员工的工作业绩。
16. 系统日志、操作日志和业务日志分开查看，员工的操作记录清清楚楚。
17. 扫描出库摄像头拍照支持，处理纠纷更有据。
18. 货位智能生成系统，商品货位管理更轻松。
19. 员工目录分部门管理。
20. 单据标记拓展到各类业务单据。
21. 更完善的物流自动推荐策略。
22. 邮费自动计算功能。
23. 报表设计拓展到各类表据。
24. 不同商品关联销售分析。
25. 货品供应商管理、供应商报价管理。
26. 货品辅助条码（商品原条码）。
27. 单据筛选条件更细致，便于处理特殊类型订单。
28. 库存调价。
29. 货位优化管理。
30. 支持支付宝对账。

31. 更加个性化的软件界面，可支持更灵活的自定义设置。

3.【说一说】验收理货需要注意哪些事项

步骤 1. 以小组为单位，讨论验收理货的注意事项。
步骤 2. 小组派代表分享小组观点。

活动 47　编号入库

活动描述

本活动将学习编号入库。

知识窗

货品编号入库管理

货品资料的建立和货品与销售平台店铺商品的匹配是网店管家 3.0 管理网店中商品订单及库存的最基本工作。网店管家 3.0 为货品管理提供了更方便的货品信息导入支持、更完善的条码管理支持、货品货位和供应商报价管理支持。

1. 货品分类

分类管理便于商家掌握各类货品的销售、库存等业务的详细情况。网店管家 3.0 支持货品的多级分类，但从管理的适宜性角度考虑，用户做二级分类就够了。"货品分类"界面如图 7-1-8 所示。

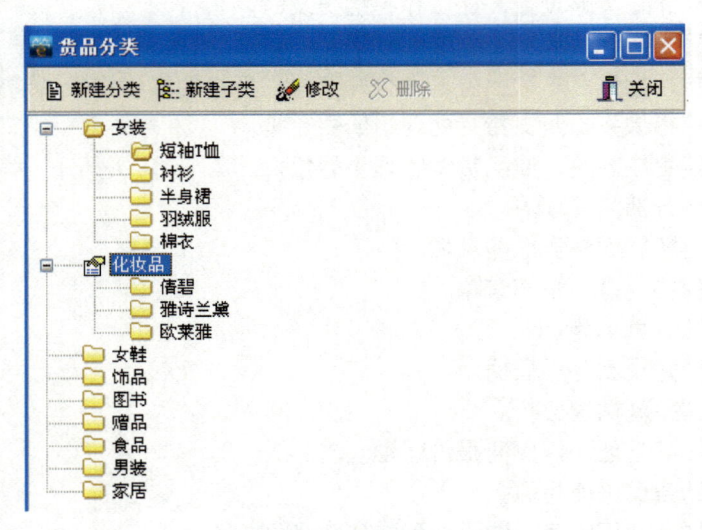

图 7-1-8　"货品分类"界面

在编辑分类信息时，注意系统编码（灰色不可编辑部分）和自编码的区别，这两个编码与"编号计划"中的货品编号及货品条码结合来确定新品的编号和条码。编码和自编码如图 7-1-9 所示。

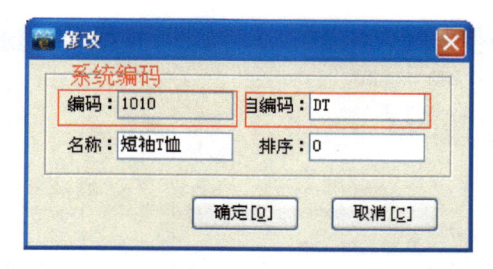

图 7-1-9　编码和自编码

2．货品档案

网店管家 3.0 的货品档案支持两种建立方式，一是手工编辑方式，二是 Excel 批量导入方式。

（1）手工编辑。主要应用于货品资料的修改、完善，手工编辑在"货品档案"界面完成，如图 7-1-10 所示。

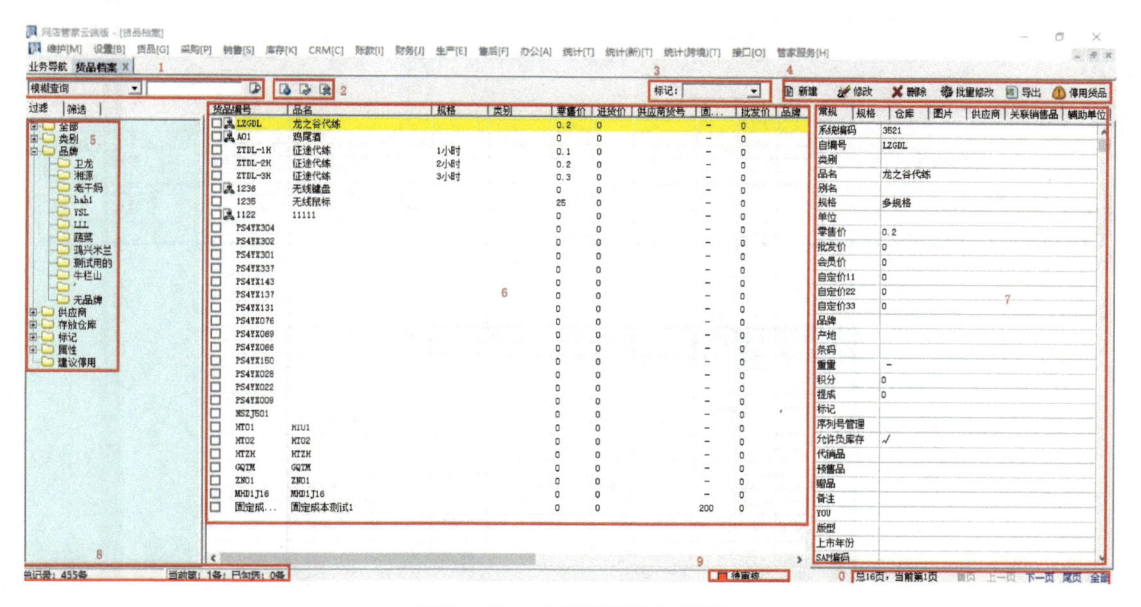

图 7-1-10　"货品档案"界面

单击"货品档案"界面右上方的"新建"或"修改"按钮，打开"编辑货品"对话框，如图 7-1-11 所示。单击"编辑货品"对话框中的"基础信息"选项卡，填写基础信息。

单击"编辑货品"对话框中的"多规格"选项卡，通过"批量组合"来批量建立，批量建立时货品规格的附加码可由规格色号中的规则自动添加。"编辑货品规格"对话框如图 7-1-12 所示。

采用竖排方式查看颜色、尺码、库存的组合，可在"库存"→"分仓库存"界面中查看。色号视图如图 7-1-13 所示。

单击"编辑货品"对话框中的"存放仓库"选项卡编辑存放仓库。网店管家 3.0 对货品进行严格的规格货位管理，即每一种货品规格都可以精确到仓库中的具体货位，便于实现拣货作业中"识位不识货"，极大地提升了拣货作业效率。具体规格的仓库货位编辑如图 7-1-14 所示。

网店开设与管理实训

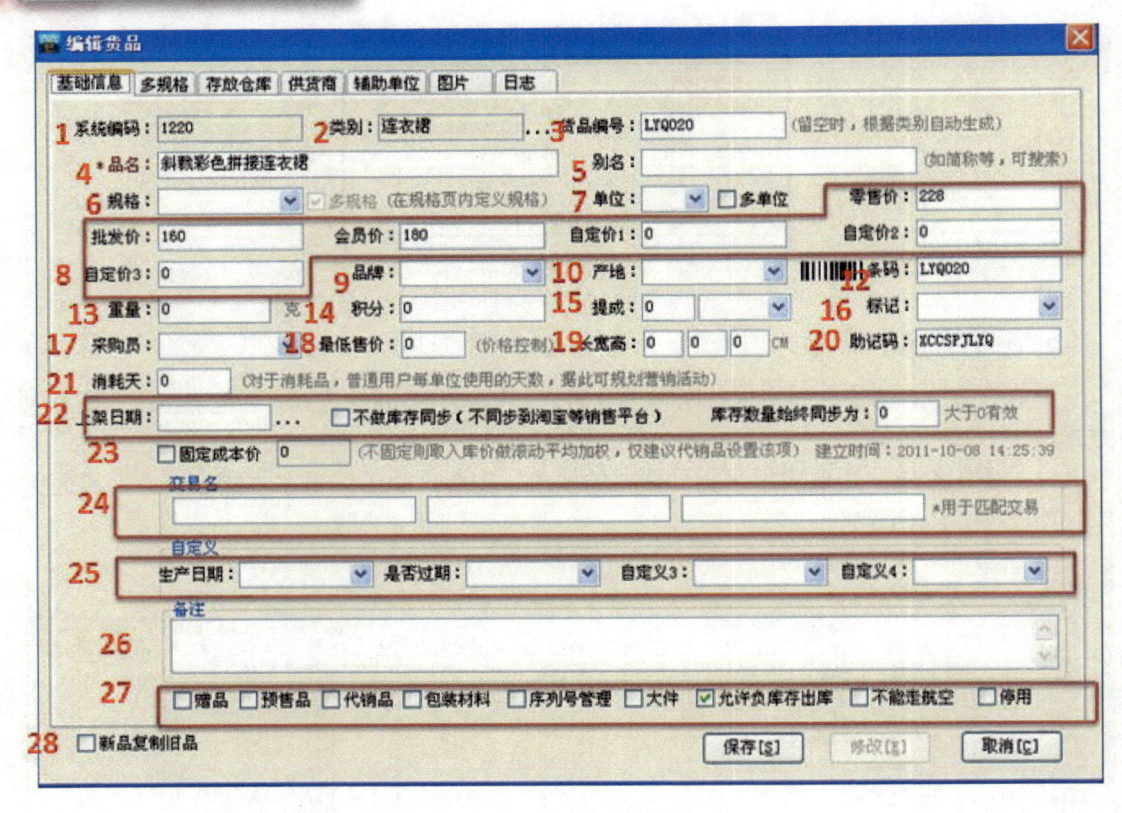

图 7-1-11 "编辑货品"对话框

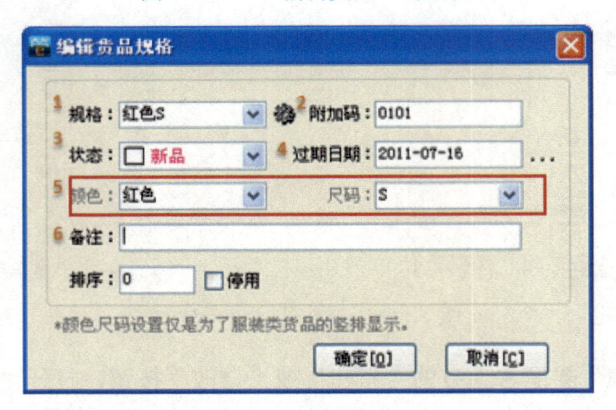

图 7-1-12 "编辑货品规格"对话框

	M1	S	XL	XXL
粉色	12	23	34	12
红色	2	5	21	9
米黄	3	4	2	5

图 7-1-13 色号视图

170

理货入库和打包配送 项目七

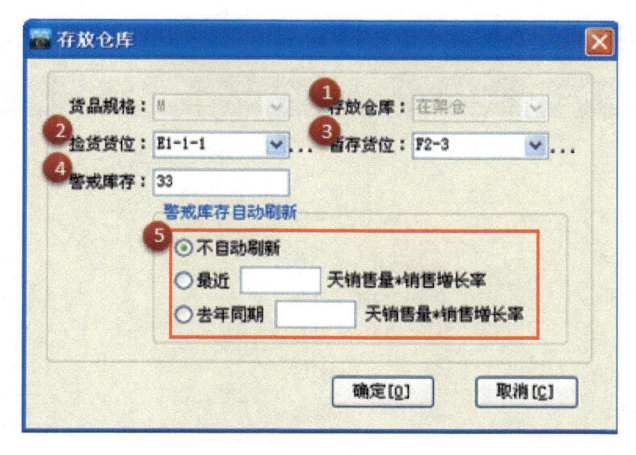

图 7-1-14 仓库货位编辑

单击"编辑货品"对话框中的"供货商"选项卡，对货品的供应商、进价（报价）和货号做登记，以便采购业务中做采购报价优化。

单击"编辑货品"对话框中的"辅助单位"选项卡编辑辅助单位。辅助单位用于处理货品采购、销售业务中有整有零的问题，如食品行业的整包和散装。基本单位用货品的最小单位（如颗、包、瓶等），辅助单位用盒、袋、箱这样的大单位。商家在采购或销售货品时，如果以大单位作为采购或销售单位，建之后则自动转换为基本单位。

单击"编辑货品"对话框中的"图片"选项卡，添加货品的图片，以便直观查看。

（2）批量导入和批量编辑。在用户初次建立货品资料时，用批量导入的方式可以大大节省时间。批量导入支持新品建立的批量导入、旧品更新的批量导入和货品多规格信息的批量导入。在批量导入前，需按照各导入模块下的 Excel 模板编辑所要导入的货品信息表格。表格中加" * "标识的内容不能为空。"导入货品资料"对话框如图 7-1-15 所示。在旧品更新时，导入的 Excel 中的货品编号必须与原货品编号一致。

图 7-1-15 "导入货品资料"对话框

网店管家 3.0 对货品编辑增加了批量编辑功能。选择需要批量编辑的货品，单击"修改"按钮，打开"修改货品（批量）"对话框，如图 7-1-16 所示。在"修改货品（批量）"对话框中批量修改货品信息。

（3）其他操作。智能批量处理。网店管家 3.0 对货品资料的一些批量编辑提供了智能支持（批量处理的对象仅限于被选中的货品），智能批量处理包括以下功能。

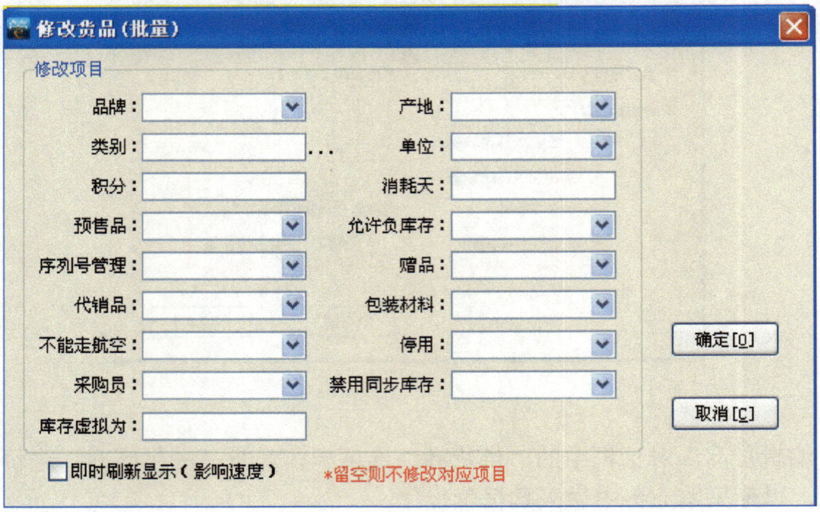

图 7-1-16 "修改货品（批量）"对话框

批量修改货品编号。须避免批量处理生成的货品编号与其他货品编号重复。

批量修改品名。在原货品名称的基础上批量添加前后缀或删除关键词。

批量生成条码。采用直接复制货品编号作为条码或设置前后缀来批量生成条码。

批量调价。根据调价公式设置批量调整目标价格。调价公式如图 7-1-17 所示。

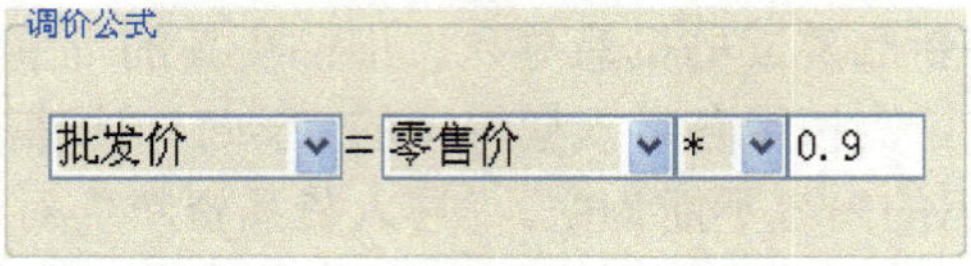

图 7-1-17 调价公式

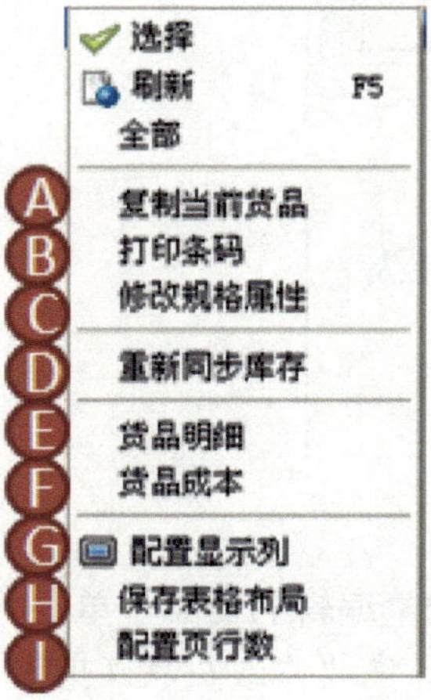

批量添加仓库。选择需要添加进入某仓库的所有货品，单击"添加仓库"按钮，并双击需要加入的仓库，即完成批量入库。

批量修改警戒库存。选择需要修改警戒库存的所有货品，单击"警戒库存"按钮，选择警戒库存的数量或警戒库存的刷新规则，即完成了批量修改警戒库存操作。

右键菜单。在货品记录列表上右击（单击鼠标右键），弹出"货品记录"列表，如图 7-1-18 所示。

删除货品资料。网店管家 3.0 对货品资料的删除和修改在规格属性上须满足的条件一致，即货品库存为零（多规格商品要求各规格的库存都为零）。

图 7-1-18 "货品记录"列表

3．编辑审核

选择"维护"→"系统设置"→"其他"→"货品编辑后进入审核状态"选项，在"编辑审核"界面查看货品档案的修改资料，如图 7-1-19 所示。

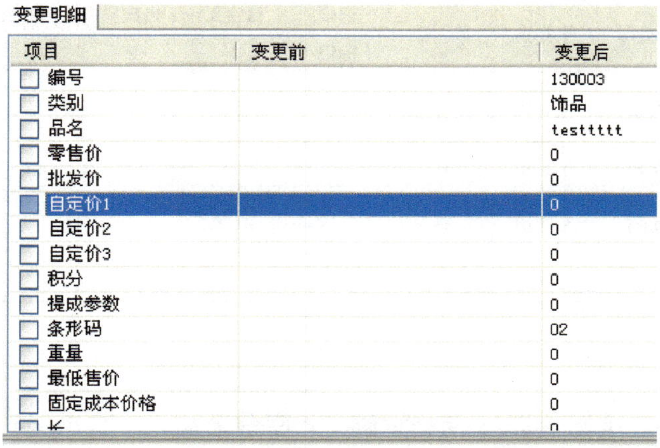

图 7-1-19　查看货品档案的修改资料

用户还可以在"货品"→"货品档案"→"货品编辑"界面的"日志"中查看修改日志。

活动实施

1.【搜一搜】商品编号入库方法

步骤 1. 分组，4 个人为一个小组，以小组为单位进行讨论。
步骤 2. 小组讨论如何将商品进行编号入库，其方法有哪些。
步骤 3. 小组派代表发言。

2.【做一做】根据不同商品进行编号入库

步骤 1. 根据商品编号所需要的商品属性对 Excel 中的商品进行编号，同时根据不同的商品属性、材质、规格、功能、型号和颜色等进行分类。商品规格表如表 7-1-1 所示，商品档案表如表 7-1-2 所示。
步骤 2. 对商品规格表和商品档案表中的不同商品进行编号。
分析：每款商品都有一个货号，即商品编号，编写货号的目的是方便内部管理，最简单的编号方法是"商品属性+序列数"。
步骤 3. 登记入库

表 7-1-1　商品规格表

商品编号	规格名称	条码	重量	货位	零售价	会员价	批发价	固定成本价	购物积分	警戒量	过期日期	颜色	尺寸
0001	夏裙		0.2KG	01	79	77	32	40	100	500	2020/9/5	红/白	S/M/L
0002	春季裙		0.2KG	01	85	83	45	65	100	500	2020/9/5	红/白	S/M/L
0003	背带裙		0.2KG	01	59	57	15	26	100	500	2020/9/5	红/白	S/M/L

表 7-1-2　商品档案表

商品编号	品 名	父类别	子类别	单 位	记录标记	自定义1	自定义2	自定义3	自定义4	备 注
0001	夏装连衣裙	女装	连衣裙	件						
0002	春季裙	女装	半身裙	件						
0003	欧洲风裙	女装	A字裙	件						
0004	大摆裙	女装	A字裙	件						

知识加油站

商品编码与入库登记

1. 商品编码

数字编码可以是两位数、三位数或四位数，可视商品的数量而定。要有发展的眼光，因为商品款式可能会越来越多，所以要留有发展的余地。

2. 入库登记

商品验收无误并编码后，即可登记入库。登记时要详细记录商品的名称、数量、规格、入库时间、凭证号码、送货单位和验收情况等信息，做到账、货、标牌相符。

3.【说一说】编号入库需要注意哪些事项

步骤1. 以小组为单位，讨论编号入库的注意事项。
步骤2. 小组派代表分享小组观点。

任务 2　商品配送

任务介绍

任务1完成了商品的理货入库，本任务将进入商品配送环节。

活动 48　商品包装

活动描述

商品的特点不同，包装和运输的方式也不同。本活动将根据商品的特点确定商品的包装形式。

理货入库和打包配送 项目七

知识窗

商品发货流程如图 7-2-1 所示。其中发货的第一个环节就是包装。

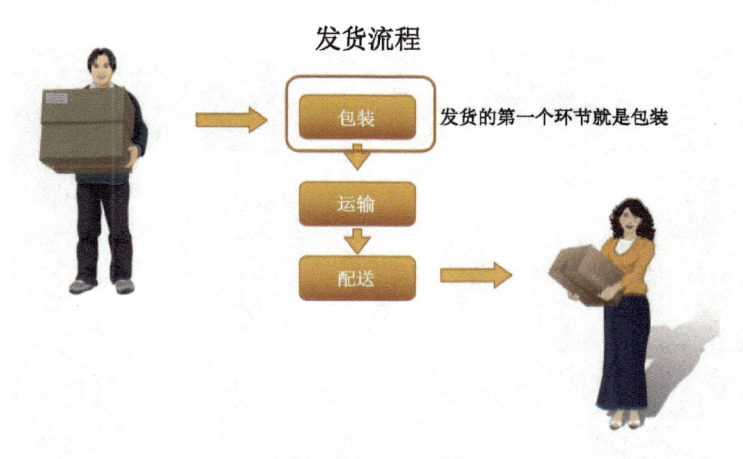

图 7-2-1　发货流程

1．包装材料

包装材料如图 7-2-2 所示。

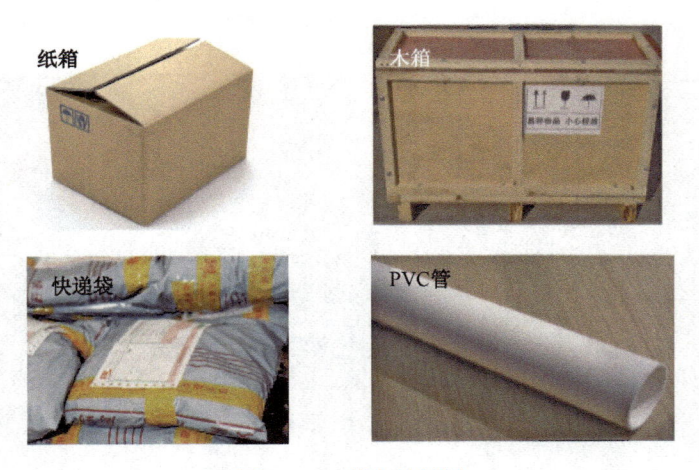

图 7-2-2　外包装材料

（1）纸箱。只要尺寸合适，纸箱几乎可以作为所有商品的包装材料。虽然纸箱的成本较高，但其防护作用好。

（2）快递袋。有些商品可以使用快递公司提供的一次性塑料快递袋包装，如不怕挤压的服装、床上用品、毛绒玩具、靠垫等。

（3）木箱。一些较重且对防震要求高的商品采用木板做的箱子来包装，如针式打印机、电视机、跑步机等。

（4）PVC 管。特殊商品需要采用特殊包装，如书画作品，最好采用 PVC 管包装，因为管材的圆筒外形和 PVC 的硬度可以保证书画作品不被折压。

175

2. 隔离防震

在商品和外包装之间的空隙处放置一些填充物，可以提高物流配送的安全性。隔离防震包装材料及包装要求如图 7-2-3～图 7-2-6 所示。

图 7-2-3　隔离防震包装材料一

图 7-2-4　隔离防震包装材料二

理货入库和打包配送 项目七

图 7-2-5　纸箱尺寸应比货物外形尺寸略大 　　　　图 7-2-6　选择体积大、重量轻的填充物

3．打包要点

打包要点如图 7-2-7 所示。

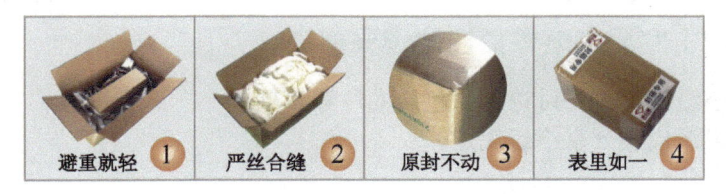

图 7-2-7　打包要点

适当包装的商品，既便于运输、装卸、搬运、储存、保管、清点、陈列及携带，又不易丢失或被盗。

活动实施

1.【搜一搜】搜索商品的包装形式

步骤 1．分组，4 个人为一个小组，以小组为单位进行讨论。
步骤 2．小组收集商品的包装形式，并分类。
步骤 3．小组派代表发言。

2.【做一做】根据商品的特点选择包装形式

步骤 1．商品的特点决定了包装形式，填写表 7-2-1 中商品的特点。

表 7-2-1　商品的特点

商　品	特　点
床上用品、毛绒玩具、靠垫	
电视机、跑步机、洗衣机	

177

续表

商　品	特　点
销售油画、水粉画	
电脑、手机	
童装、女装	
绿萝、仙人掌	

步骤 2. 根据不同商品的特点，填写表 7-2-2 中商品的包装形式。

表 7-2-2　不同商品的包装形式

产　品	包 装 形 式
床上用品、毛绒玩具、靠垫	
电视机、跑步机、洗衣机	
销售油画、水粉画	
电脑、手机	
童装、女装	
绿萝、仙人掌	

3. 【说一说】商品包装需要注意哪些事项

步骤 1. 以小组为单位，讨论商品包装的注意事项。
步骤 2. 小组派代表分享小组观点。

知识加油站

包装及防震

1. 分类包装

将不同的商品分类包装，不仅可以突出物流工作的合理性，还可以提高物流的安全性，同时，不同的包装材料会对物流成本产生影响，继而影响店铺的经营成本。

2. 隔离防震

在商品和外包装之间的空隙处放置一些填充物，目的是给货物多一层保护，不让它们摇晃，这样可以大大减少因长途运输而产生的物损，提高物流配送的安全性。

活动 49　发货处理

活动描述

商品售出后，除提供安全的包装外，还需要与一家物流公司合作，以完成配送，本活动将介绍不同物流部门的特点，以及它们分别适合配送哪些商品。

知识窗

1. 物流匹配

网店管家 3.0 通过物流匹配和物流资费的设置，对未确定具体快递方式的订单做"物流方式自动匹配"和"实际邮资自动计算"操作。

单击"设置"→"物流匹配"按钮，打开"物流匹配"界面，如图 7-2-8 所示。

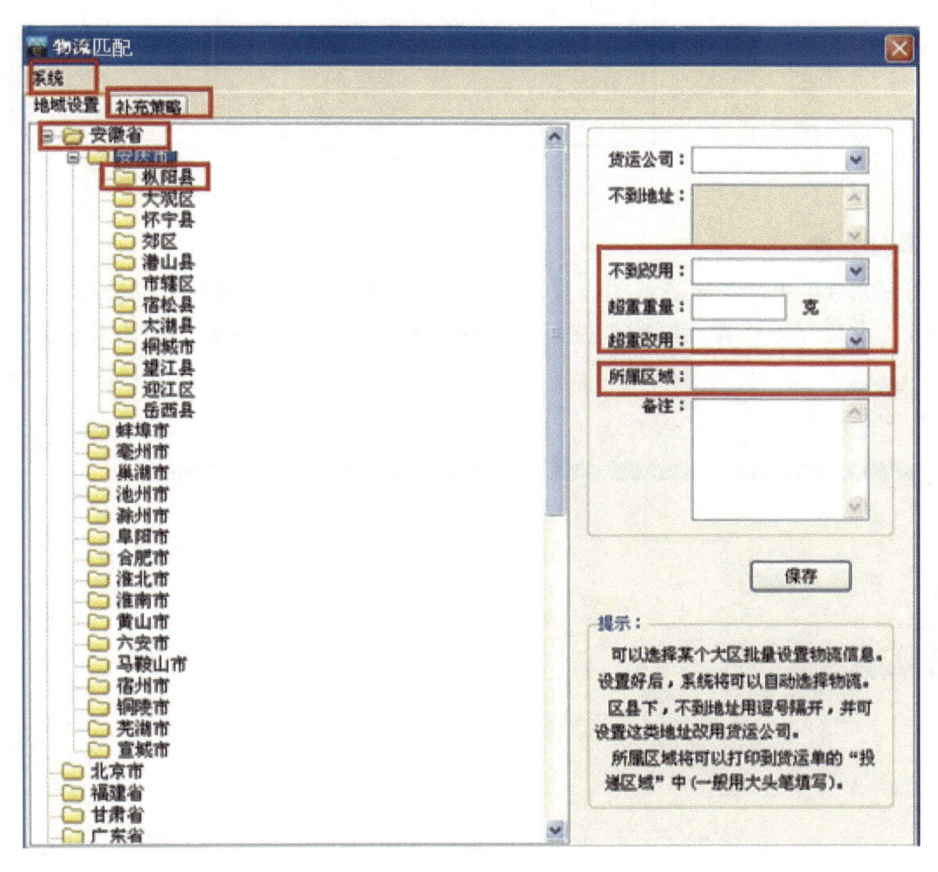

图 7-2-8 "物流匹配"界面

"系统"设置包括初始化地区资料、导入物流匹配资料、导出物流匹配资料 3 个内容。导入物流信息表如图 7-2-9 所示。

图 7-2-9 导入物流信息表

"地域设置"中的地域等级可划分为省、市、县(区)3个层次,如果针对上级区域做的物流信息编辑,所编辑的物流信息则自动套用到下级区域。

"补充策略"用于特殊情况下的物流方式选择。"匹配策略"对话框如图7-2-10所示。

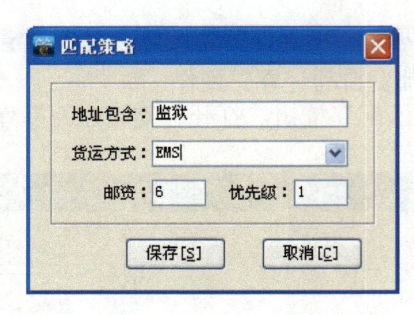

图7-2-10 "匹配策略"对话框

2．物流资费

网店管家3.0通过物流资费的设置,对订单做"实际邮资自动计算"操作。

单击"设置"→"物流匹配"按钮,即进入国内物流设置界面,如图7-2-11所示。

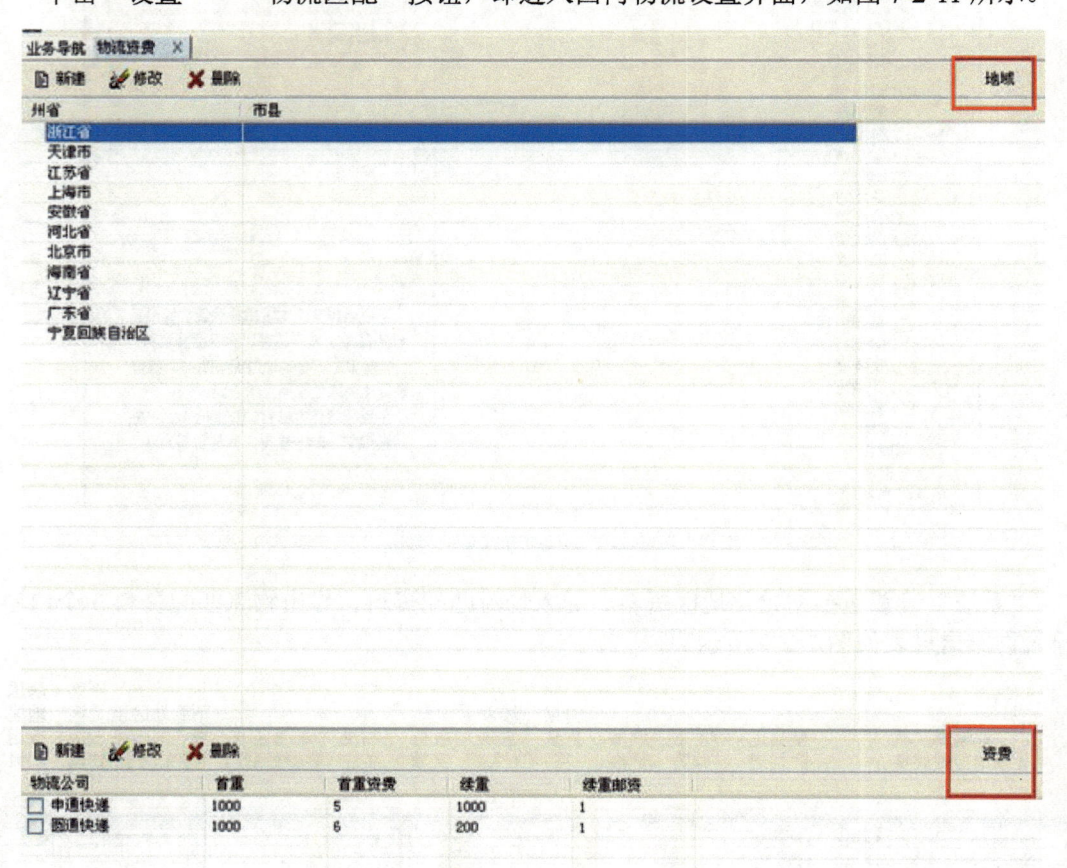

图7-2-11 国内物流设置界面

单击"地域"按钮,打开"编辑【物流资费—州省】"对话框,如图7-2-12所示,在对话框中设置地域信息。

单击"资费"按钮，打开"物流资费"对话框，如图 7-2-13 所示，在对话框中根据物流公司的实际情况设置资费。

图 7-2-12　"编辑【物流资费—州省】"对话框

图 7-2-13　"物流资费"对话框

3．仓库匹配

仓库匹配适用于有外部仓库的商家，网店管家 3.0 可以根据收货地址自动选择发货仓库，如图 7-2-14 所示。

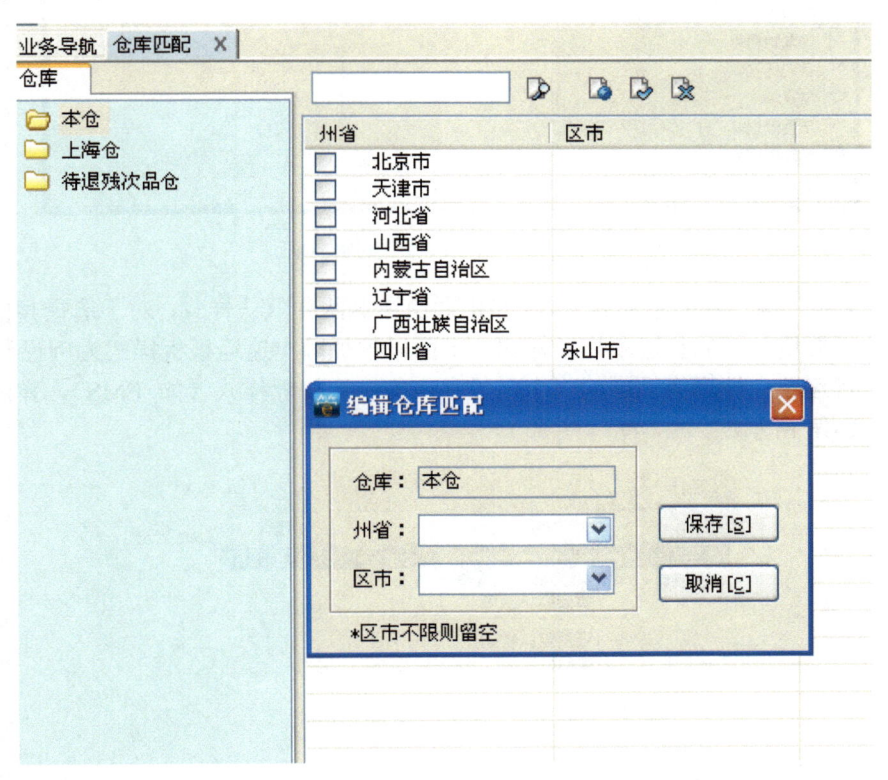

图 7-2-14　仓库匹配

4．打印模板

打印模板用于设计商家进销存管理业务中可能涉及的各种报表、标签和快递单的样式设计。货运单的具体模板设计参考如下。

选择"设置"→"打印模板"选项，即可进入网店管家 3.0 的各种报表面单模板设计界面。下面以货运单（快递单）、发货单和条码标签的设计为例进行说明。

选择"设置"→"打印模板"→"货运单"选项，打开"货运单"编辑界面，如图 7-2-15 所示。

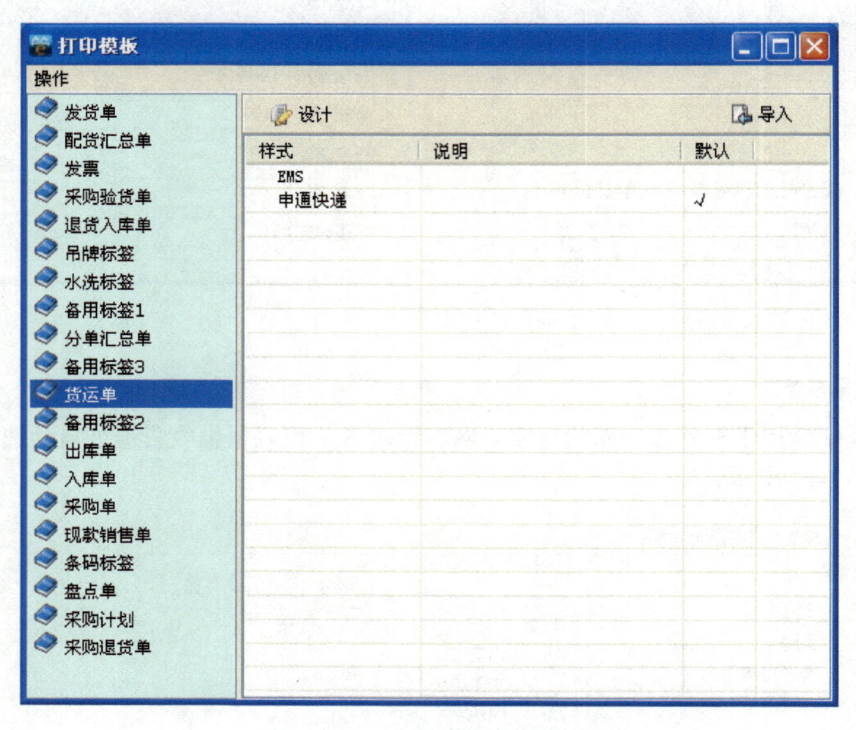

图 7-2-15 "货运单"编辑界面

在"货运单"编辑界面中只有 EMS 和申通快递这两种默认样式，对于选择其他快递方式的商家，需要增加新的货运单模板样式。下面以添加顺丰速运模板样式为例说明。

右击"货运单"编辑界面中的一个已经存在的快递模板样式（如 EMS），弹出下拉列表，如图 7-2-16 所示。

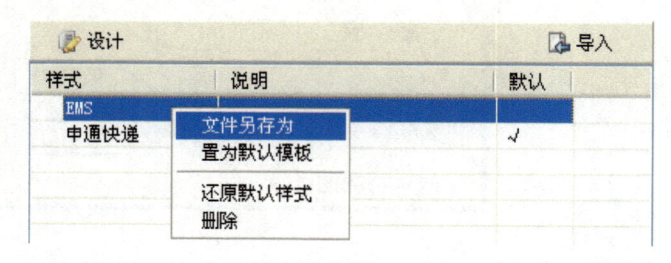

图 7-2-16 右击快递模板样式

首先选择"文件另存为"选项，将文件 EMS.fr3 保存到桌面，然后在桌面上找到文件 EMS.fr3，并将其重命名为 shunfeng.fr3。

单击"货运单"编辑界面中的"导入"按钮，打开"导入模板"对话框，如图 7-2-17 所示，对话框中的文件选择 shunfeng.fr3，在"样式"后的文本框中输入"顺丰速运"。

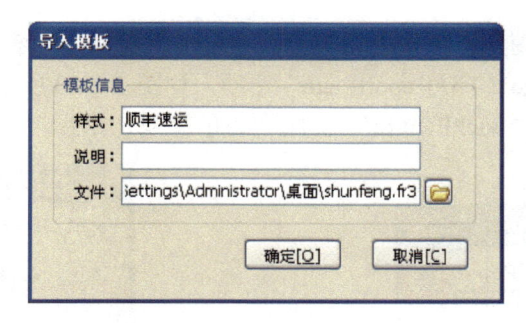

图 7-2-17 "导入模板"对话框

单击"确定"按钮,即添加了顺丰速运的模板样式,如图 7-2-18 所示。

图 7-2-18 添加了"顺丰速运"的模板样式

单击"设计"按钮,即进入了顺丰速运模板样式的编辑页面。一般情况下,快递样式的编辑包括以下 4 个内容。

(1)页面设置。单击"文件"→"页面设置"按钮,打开"页面设置"对话框,如图 7-2-19 所示,将顺丰速运的快递单尺寸填入对话框中。

图 7-2-19 "页面设置"对话框

（2）更换模板背景图片。在报表编辑界面中单击"对象查看器"的下拉按钮，在弹出的下拉列表中选择"Page1: TfrxReportPage"选项，如图 7-2-20 所示。

选择对象属性中的"BackPicture"选项，如图 7-2-21 所示。

图 7-2-20　选择"Page1: TfrxReportPage"选项

图 7-2-21　选择"BackPicture"选项

在弹出的背景图片选择窗口中导入顺丰速运快递单面板图片（可通过扫描获得），如图 7-2-22 所示。

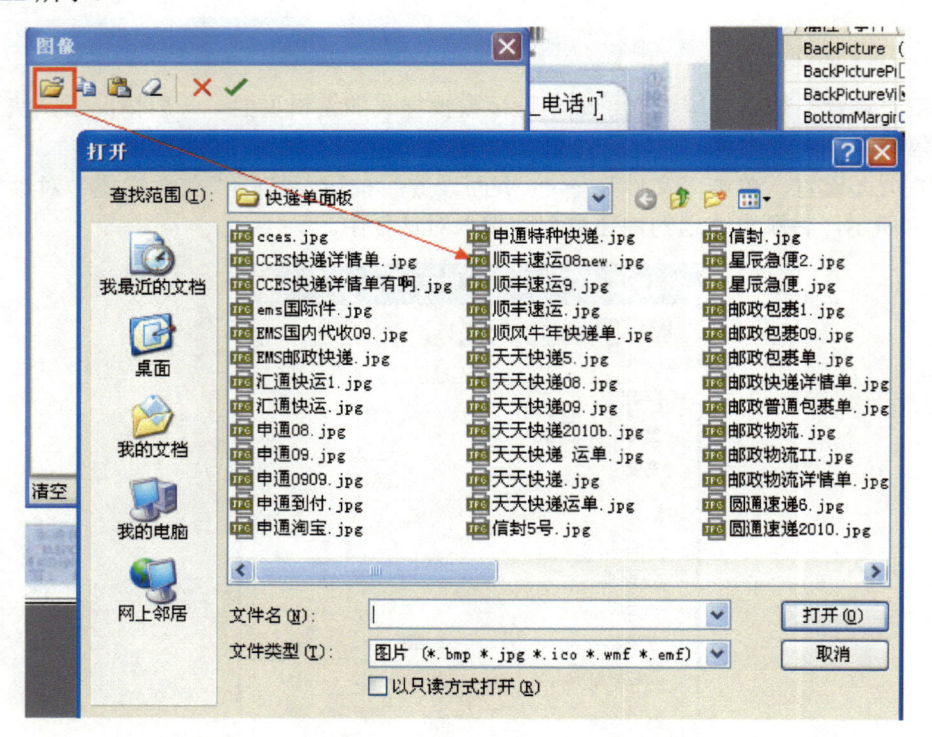

图 7-2-22　导入快递单面板

（3）添加字段及调整位置。在添加快递样式背景图后，根据需要在报表编辑界面添加或修改快递单的内容字段。

单击左侧工具栏中的文本添加按钮 T，在报表快递单背景上的对应位置按住鼠标左键，拖动鼠标来确定文本框的大小，如图 7-2-23 所示。

放开鼠标左键，弹出"备忘"对话框，如图 7-2-24 所示。在"文本"编辑界面中输入想要添加的字段，单击"确定"按钮。

图 7-2-23　确定文本框的大小

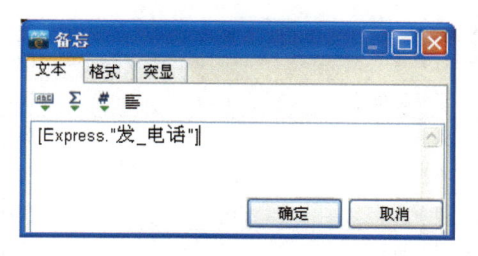

图 7-2-24　"文本"编辑界面

如果字段位置需要调整，则可单击左侧工具栏中的对象选择按钮，选择要拖动位置的对象，按住鼠标左键拖动即可。

网店管家 3.0 支持的快递单打印字段如表 7-2-3 所示。

表 7-2-3　网店管家 3.0 支持的快递单打印字段

内容	字段	说明
打印批次号	[Express."打印批号"]	货运单基本字段
打印顺序	[Express."打印序"]	
发件州省	[Express."发_州省"]	
发件区市	[Express."发_区市"]	
发件区县	[Express."发_区县"]	
发件地址	[Express."发_地址"]	
发件人	[Express."发_发件人"]	
收件州省	[Express."收_州省"]	
收件区市	[Express."收_区市"]	
收件区县	[Express."收_区县"]	
收件地址	[Express."收_地址"]	
收件邮编	[Express."收_邮编"]	
收件电话	[Express."收_电话"]	
收件人	[Express."收_收件人"]	
收件区域（一般用大头笔填写）	[Express."收_投递区域"]	
所在店铺	[Express."店铺名"]	部分业务（如代收款业务）中可能用到的字段
货品信息摘要	[Express."货品信息"]	
客户网名	[Express."客户网名"]	
货品价值	[Express."货品价值"]	
货品价值大写	[Express."货品价值_大写"]	
应收金额	[Express."应收金额"]	
应收金额大写	[Express."应收金额_大写"]	
客户备注	[Express."客户备注"]	
客服备注	[Express."客服备注"]	
数量合计	[Express."数量合计"]	
禁走航空	[Express."禁走航空"]	

续表

内容	字段	说明
订单号	[Express."订单号"]	
原始订单号	[Express."原始单号"]	
业务员	[Express."业务员"]	
审核人	[Express."审核人"]	较少用到的字段
打单人	[Express."打单人"]	
预估重量	[Express."预估重量"]	
发件电话	[Express."发_电话"]	
发件国家	[Express."发_国家"]	
发件邮编	[Express."发_邮编"]	
收件国家	[Express."收_国家"]	

（4）打印。添加字段后，保存并关闭报表编辑界面。在"办公"→"货运单"套打界面中输入模拟数据，选择上述快递模板，并在打印机中放入对应的快递单，执行打印即可。

5．货运单货品项

如果商家需要将货品信息打印在快递单上，则可打开"货运单货品项"对话框，如图 7-2-25 所示，在对话框中添加信息时，不同字段中间用文字、符号或空格隔开。

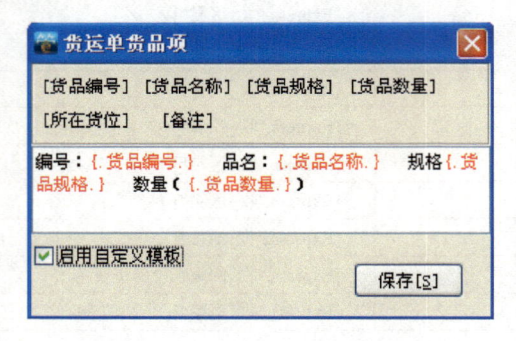

图 7-2-25 "货运单货品项"对话框

6．订单的发货处理

订单经过客审和财审两个审核环节后，转入打单发货处理环节。根据订单配货、发货操作的主体不同，网店管家 3.0 的发货处理分为本仓发货、代销发货和委外发货 3 种方式。

7．查看发货在途

查看发货在途用于对订单的发货状态和客户签收情况做自动扫描和查看，如图 7-2-26 所示。

全选订单，单击"自动扫描"按钮，系统将通过物流信息接口自动查询各快递单的签收情况，并对已签收订单做结束物流跟踪处理。

8．订单干预

订单干预是针对订单处理发出干预信息的内部协调机制，即发消息给特定人员，通知其对订单做处理。订单干预的操作主要分为干预消息的发出和干预消息的处理结果反馈两部分。

理货入库和打包配送 项目七

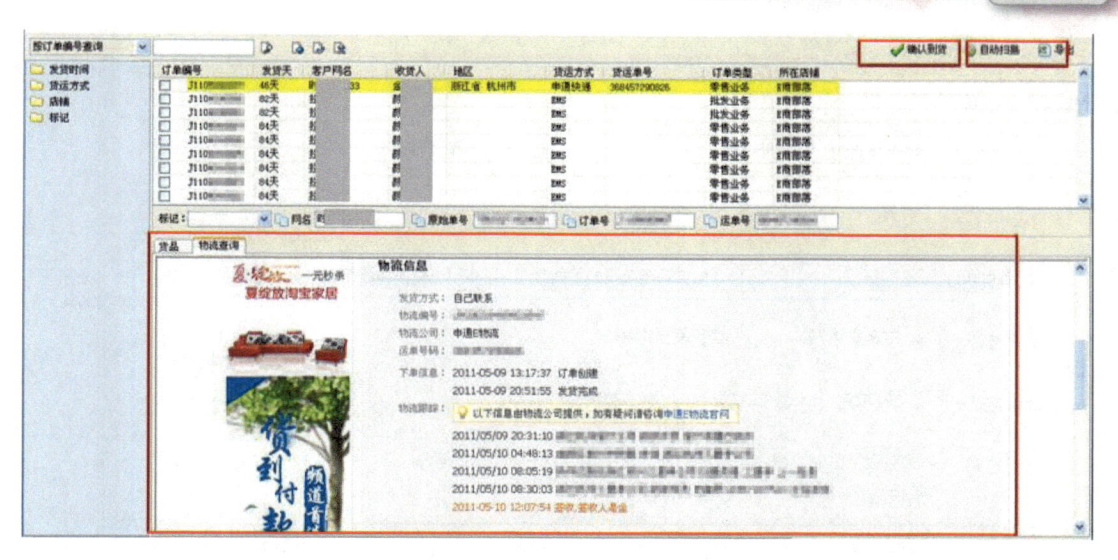

图 7-2-26　查看发货在途

活动实施

1.【搜一搜】有哪些发货配送渠道?

步骤 1. 分组，4 个人为一个小组，以小组为单位进行讨论。
步骤 2. 小组讨论及总结发货配送渠道。
步骤 3. 小组派代表发言。

2.【做一做】对比配送方式

步骤 1. 不同商品所选择的配送方式不同，请分别罗列配送方式及其特点，并填入表 7-2-4 中。

表 7-2-4　配送方式及其特点

配送方式	配送方式的特点

步骤 2. 以女装淘宝店为例，设置该店铺的运费模板及发货流程。运费模板如图 7-2-27 所示，发货界面如图 7-2-28 所示，不同物流公司的发货费用如图 7-2-29 所示。

187

图 7-2-27　运费模板

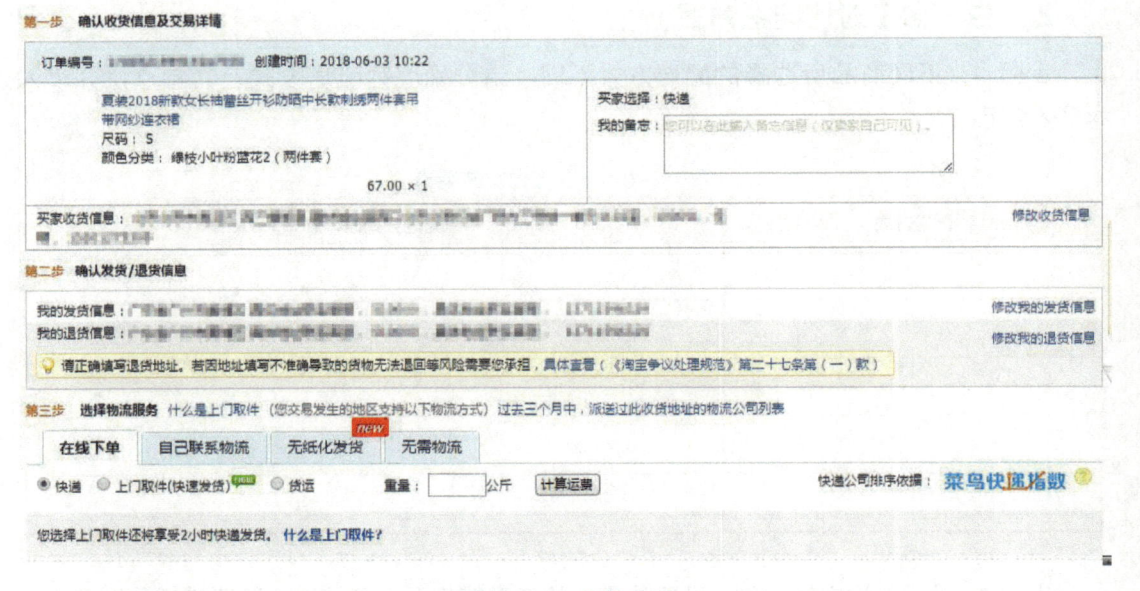

图 7-2-28　发货界面

理货入库和打包配送 项目七

图 7-2-29　不同物流公司的发货费用

知识加油站

发货方式

1. 邮局发货

邮局的主要特点是网点多、覆盖面广。邮局设有挂号信、平邮包裹、E 邮宝和 EMS 等邮寄方式，不同邮寄方式的费用不同。

2. 快递发货

快递公司采用门对门收发货的方式，其发货速度快，国内大中城市的到货时间只需 1～3 天。

3. 货运发货

货运发货包括公路运输、铁路运输和航空运输 3 种类型。一般情况下，短途采用公路运输或铁路运输，长途采用铁路运输或航空运输。

3.【说一说】发货处理需要注意的事项

步骤 1. 以小组为单位，讨论发货处理的注意事项。

步骤 2. 小组派代表分享小组观点。

项目总结

本项目中，用网店管家 3.0 系统管理理货入库和打包配送。学习完本项目，同学们可以轻松应对电子商务中的仓储及发货。

项目检测

一、单项选择题（每题只有一个正确答案，请将正确的答案填在题后的括号中）

1. 送货作业的特点是时效性、（　　）、沟通性、便利性、经济性。
   A．可靠性　　　　B．快捷性　　　　C．舒适性　　　　D．简易性
2. 手推车分为（　　）
   A．二轮手推车、物流笼车　　　　B．二轮手推车、多轮手推车、物流笼车
   C．二轮手推车、多轮手推车　　　D．多轮手推车、物流笼车
3. 仓储管理的原则是（　　）
   A．质量原则、效率原则、安全原则、效益原则、服务原则
   B．质量原则、效率原则、安全原则、效益原则
   C．质量原则、效率原则、安全原则
   D．质量原则、效益原则、服务原则

二、多项选择题（每题有一个以上正确答案，请将正确的答案填在题后的括号中）

1. 下列属于实现流通加工合理化的途径是（　　）
   A．加工和配送相结合　　　　B．加工和配套相结合
   C．加工和合理运输相结合　　D．加工和节约相结合
2. 下列属于流通加工不合理的表现是（　　）
   A．地点设置不合理　　　　B．方式选择不当
   C．加工内容过于简单　　　D．加工成本过高
3. 流通加工的内容主要有（　　）
   A．食品的流通加工　　　　B．消费资料的流通加工
   C．生产资料的流通加工　　D．以上都不是

三、判断题（正确的画"√"，错误的画"×"）

1. 仓库内害虫的防治是搞好货物保管工作的重要环节。（　　）
2. 盘点的场合不同，但盘点作业的方法相同。（　　）
3. 不同货物流通加工的内容不同。（　　）